高校合同审查与法律风险管理

郭萌萌　李永达◎著

中国商务出版社

·北京·

图书在版编目（CIP）数据

高校合同审查与法律风险管理／郭萌萌，李永达著.
北京：中国商务出版社，2024.7. -- ISBN 978-7-5103-5311-6

Ⅰ. D923.64

中国国家版本馆 CIP 数据核字第 202468PX52 号

高校合同审查与法律风险管理

郭萌萌　李永达◎著

出版发行：中国商务出版社有限公司

地　　址：北京市东城区安定门外大街东后巷 28 号　邮　　编：100710

网　　址：http://www.cctpress.com

联系电话：010—64515150（发行部）　　010—64212247（总编室）
　　　　　010—64515164（事业部）　　010—64248236（印制部）

责任编辑：云　天

排　　版：北京天逸合文化有限公司

印　　刷：星空印易（北京）文化有限公司

开　　本：710 毫米×1000 毫米　1/16

印　　张：13.5　　　　　　　　　　　　　字　　数：210 千字

版　　次：2024 年 7 月第 1 版　　　　　　印　　次：2024 年 7 月第 1 次印刷

书　　号：ISBN 978-7-5103-5311-6

定　　价：79.00 元

前　言

　　"教育、科技、人才是全面建设社会主义现代化国家的基础性、战略性支撑。"教育发达—科技进步—经济振兴是一个相辅相成、循序渐进的统一过程，其基础在于教育。高校作为我国教育事业的龙头，是党和国家教育事业的重要依托，肩负着为党育人、为国育才的重要使命，同时也是科学研究和服务地方甚至区域经济发展、反哺社会的中坚力量。"教育兴则国家兴，教育强则国家强。"如何构筑中国式现代化的人才、科技、创新的"蓄水池"，实现高校的高质量和内涵式发展，考验着高校的现代化治理能力和治理体系。法治作为一种思维和手段在高校治理体系和治理能力提升过程中作用越发重要。随着高等教育的蓬勃发展和开放办学的深入推进，高校与外部世界的交流合作已经变得日益紧密。这种频繁的互动不仅带来了丰富的教育资源和合作机会，还促使高校与外部机构签订了各式各样的合同。这些合同覆盖了教学合作、科研项目、基础设施建设、设备采购等广泛领域，每一项都承载着高校的重要利益和期望。它们不仅关系到高校当前的运营状况，更对其未来规划和发展方向产生深远影响。

　　合同审查和法律风险防范控制是高校治理能力和治理水平的一个衡量指标，涉及依法治教、依法办学、依法治校的深入推进。然而，随着高校的自主办学权进一步落实，其参与社会经济生活的程度越来越深，合同的复杂性和多样性使得高校在签订和执行合同过程中面临着诸多法律风险。合同条款的不明确、权利义务的不对等、违约责任的不清晰、争议解决的不选择等问题，都可能成为潜在的风险点，一旦触发，将对高校造成不小的损失。2020

年《教育部关于进一步加强高等学校法治工作的意见》强调要完善学校法律风险防控体系，健全合同管理制度，加强合同审查，梳理法律风险清单，提高风险预警。2021年教育部办公厅印发《高等学校法治工作测评指标》，其中一项测评内容即为法律风险防控，主要考核高校是否健全合同管理制度，加强合同审查；是否梳理法律风险清单，重点领域所涉及的法律关系是否清晰，权利义务是否明确；是否编制学校法律风险清单；是否制订处置办法；等等。可见，高校合同审查与法律风险管理的重要性不言而喻。它不仅能够帮助高校规避潜在的法律风险，确保合同的合法性和有效性，还能为高校的长远发展保驾护航。通过严谨的合同审查和精准的法律风险管理，高校可以更加从容地应对外部环境的挑战，确保自身权益不受侵害，同时为教育事业的稳健发展奠定坚实基础。在这个过程中，高校需要建立一套完善的合同审查机制，并培养专业的法律风险管理团队，以确保每一份合同都能经得起法律的考验，为高校的可持续发展提供有力支撑。

与其他法治教育类出版物不同，本书侧重点在高校法治化管理，共有七个章节，第一章至第三章，阐述高校合同管理的重要性，介绍了合同审查的基础知识，并构建了一个高校合同法律风险管理的基本框架。第四章和第五章则深入具体操作层面，详细剖析了高校中常见的各类合同的审查要点以及如何精细审查合同中的关键法律条款，这两章内容极具实用性，能够帮助读者在实际工作中进行精准的合同审查。第六章和第七章进一步探讨了高校合同法律风险管理机制的建设，包括风险识别、评估、防范与控制，以及合同争议解决和高校在此中可能承担的法律责任。笔者力争梳理高校合同审查的重点和要点，提炼可能存在的法律风险，给高校法务工作者或管理层提供法治方式、法治思维和法治手段，旨在帮助高校建立起完善的合同管理体系，提高风险应对能力。

本书作者均系高校法律课教师，供职于法治办公室，致力于高校的法治教育和法治发展，所供职的高校每年要签订五六百份合同，在长期的合同审查和诉讼中积累了丰富的经验。现将工作中的一些思考和经验整理出版，以供高校法治工作人员参考借鉴。由于笔者学识水平有限，书中难免有所疏漏和不足，恳请读者同行们批评指正。谨此对书中引用内容和论点的学者、师长，表示由衷的感谢！最后，希望本书能为高校内涵式建设和高质量发展贡献一份智慧和力量。

作　者
2024.4

目　录

第一章　高校合同管理的重要性 ／001

第一节　高校合同管理概述 ／001

第二节　合同审查在法律风险管理中的作用 ／010

第三节　高校合同管理的挑战与机遇 ／016

第二章　合同审查基础知识 ／026

第一节　合同审查的概述 ／026

第二节　合同审查的流程与关键点 ／033

第三节　高校合同审查的特殊性 ／040

第三章　高校合同法律风险管理框架 ／048

第一节　法律风险识别与评估 ／048

第二节　风险应对策略与措施 ／057

第三节　风险监控与报告机制 ／066

第四章　高校各类合同的审查要点 ／075

第一节　采购与服务合同 ／075

第二节　合作研究与技术开发合同 ／084

第三节　知识产权转让与许可合同 ／094

第四节　基建工程与修缮合同 ／102

第五节　校企合作与合作办学合同　/ 112

第五章　合同中的关键法律条款审查　/ 123

第一节　主体资格与授权委托　/ 123

第二节　双方权利与义务的明确　/ 130

第三节　违约责任与争议解决　/ 139

第四节　保密与知识产权保护条款　/ 149

第六章　高校合同法律风险管理机制建设　/ 161

第一节　合同法律风险识别与评估体系　/ 161

第二节　合同法律风险防范与控制措施　/ 169

第三节　合同法律风险管理培训与宣传　/ 176

第七章　高校合同争议解决与法律责任　/ 185

第一节　合同争议的类型与解决方式　/ 185

第二节　高校在合同争议中的法律责任　/ 193

参考文献　/ 202

后　记　/ 205

第一章　高校合同管理的重要性

第一节　高校合同管理概述

一、高校合同管理的基本概念

（一）合同管理的定义

高校合同管理，顾名思义，指的是高等学校在对外经济往来中，对于所签订的各类合同进行系统性、规范性管理的过程。这一管理活动不仅涉及合同的起草、审查、签订，还包括合同的执行、变更、终止以及归档等各个环节。其目的是确保高校在进行经济活动时能够依法行事，保障自身的合法权益，同时优化资源配置，提高管理效率。

合同管理强调系统性。高校合同管理不是一个简单的、孤立的行为，而是一个由多个环节组成的有机整体。从合同的策划、谈判到签订再到履行、变更和终止，每一个环节都需要精心组织和严格把控。这种系统性的管理有助于高校全面把握合同的生命周期，确保合同活动的连贯性和有效性。合同管理注重规范性。在合同管理过程中，高校必须遵循国家法律法规和相关规定，确保合同的合法性和合规性。同时，高校还需要建立一套完善的内部管理制度，明确各部门和人员的职责和权限，规范操作流程，从而确保合同管理的有序进行。

合同管理还体现了风险防控的理念。高校在签订和履行合同过程中，面临着各种潜在的风险，如对方违约、合同条款不明确等。因此，合同管理不仅包括对合同文本的审核和把控，还需要建立一套风险预警和应对机制，以便在出现问题时能够及时采取措施，降低损失。合同管理的终极目标是维护高校的合法权益和经济利益。通过加强合同管理，高校可以确保自身在经济活动中的合法权益不受侵害，同时优化资源配置，提高经济效益。这对于促进高校的健康发展具有重要意义。

（二）高校合同的特点

1. 多样性

高校合同的多样性特点主要体现在合同种类、涉及领域以及合作对象的多元性上。这种多样性是由高校本身的复杂功能和其在社会中的角色所决定的。从合同种类来看，高校合同涵盖了多个方面，包括教学服务合同、人事合同、科研合作协议、采购合同、基建工程合同、技术服务合同以及国际合作协议等。每一种合同都有其独特的内容和目的，反映了高校在运营过程中的不同需求。高校合同的多样性还体现在其涉及的领域上。作为教育和研究机构，高校不仅在教育教学方面与外界有广泛的合作，还在科学研究、技术开发、社会服务等多个领域与外界建立了合作关系。这些合作关系的建立和维护，都需要通过签订合同来明确双方的权利和义务。从合作对象的角度来看，高校合同的多样性也表现得淋漓尽致。高校的合作对象包括其他教育机构、研究机构、企业、政府部门以及个人等。这些合作对象在背景、需求和目的上都可能存在显著的差异，因此，签订的合同也必然呈现出多样化的特点。

2. 复杂性

高校合同的复杂性特点，主要体现在合同内容、结构以及管理过程中的多重复杂性。高校合同往往涉及多个领域和方面的合作，包括但不限于教学、科研、技术服务、基础设施建设。每个领域的合同都有其特定的条款和要求，需要细致入微地规定双方的权利和义务。例如，科研合作合同可能需要详细规定研究目标、经费分配、知识产权归属等复杂问题，这些都增加了合同内容的复杂性。高校合同通常由多个部分和附件组成，包括主合同、技术附件、保密协议、质量保证协议等。这些部分之间既相互关联，又各有其独立的意义和法律效力。此外，合同中还可能包含各种专业术语和行业规范，这要求合同制定者和审阅者具备较高的专业素养和法律知识。高校合同管理涉及多个部门和人员的协作，包括需求部门、承办部门、监督部门以及法务部门等。这些部门在合同管理过程中各有其职责和权限，需要紧密配合以确保合同的顺利执行。同时，由于高校内部人员变动是常态，于是又进一步增加了管理过程的复杂性和不确定性。

3. 长期性

高校合同的长期性特点，主要指的是合同履行期限相对较长，这一特点与高校运营和发展的长期规划紧密相连。高校作为教育和研究机构，其运作往往涉及长期的教育计划、科研项目以及基础设施建设，这些活动通常需要较长时间来完成。因此，与之相关的合同也往往具有较长的有效期。

高校的教育计划和培养方案通常是长期规划的，例如本科教育通常是四年制，研究生教育则可能更长。因此，产教融合校企合作协议、校企合作教学合同等往往需要覆盖这些长期计划，从而确保教育教学的连续性和稳定性。科研项目，特别是基础研究或大型应用研究项目，往往需要数年甚至数十年的时间来取得成果。科研合作合同因此也常具有长期性，以支持项目的持续开展和深入研究。高校的基础设施建设，如教学楼、实验室、宿舍等的建设和改造，也是一项长期工程。相关的建筑合同、设计合同以及服务合同等，都需要考虑到项目的长期性和复杂性，以此来确保工程质量和进度。此外，高校合同的长期性还体现在与合作伙伴的长期合作关系上。为了维护稳定的合作关系和共同的发展目标，高校与合作伙伴之间往往会建立长期合作关系，明确双方在未来一段时间内的合作方向和责任。

4. 高风险性

高校合同的高风险性特点，主要体现在合同履行过程中可能遭遇的多种不确定性和潜在损失。高校作为合同签订的一方，往往涉及大额的资金流动、重要的知识产权交易或长期的合作关系，这些因素都增加了合同的风险性。

高校合同中通常涉及的资金数额较大，一旦出现违约或履行不当，可能导致重大的经济损失。特别是在科研合作、基础设施建设等大型项目中，资金投入巨大，且回报周期较长，这使得高校在合同履行过程中承担着较大的法律风险。高校合同中经常涉及知识产权的转让、使用或许可等重要事项。这些知识产权往往是高校的重要资产和核心竞争力，一旦在合同签订或履行过程中出现疏漏，就可能导致知识产权的流失或被侵权，给高校带来无法估量的损失。高校合同的长期性也增加了其风险性。由于合同履行期限较长，其间可能出现政策变化、市场环境变动、技术更新等多种不可预见因素，这些因素都可能对合同的履行产生重大影响，甚至导致合同目的无法实现。此外，高校合同管理过程中的人为因素也是导致高风险性的重要原因之一。合同管理涉及多个部门和人员的协作，任何环节的疏忽或失误都可能引发连锁反应，最终导致合同纠纷或损失。

（三）高校合同管理的必要性

1. 规范高校的经济活动

高校合同管理在规范高校经济活动方面的重要性不容忽视。合同管理作为高校内部管理的重要环节，通过明确合同的签订、履行和监督等流程，有效规范高校在经济活动中的行为，保障高校经济活动的合法性和合规性。高校作为教育和科研机构，其经济活动涉及多个领域，如教学设备采购、科研项目合作、校园基础设施建设等。这些经济活动都需要通过合同来明确双方的权利和义务，规范交易行为。合同管理能够确保高校在经济活动中遵循市场规则，按照合同约定进行交易，有效避免了经济活动中的随意性和不确定性。同时，合同管理还有助于高校建立健全内部控制体系。通过对合同的审批、签署、执行和归档等环节的规范管理，高校可以更加清晰地掌握经济活动的全貌，及时发现并纠正存在的问题。这不仅有助于高校防范经济法律风险，还能提高高校的管理效率和透明度，进一步促进高校高质量发展。此外，合同管理对于高校与合作伙伴之间建立长期稳定的合作关系也具有重要意义。规范的合同管理能够增强合作伙伴对高校的信任，为双方未来的合作奠定坚实基础。

2. 优化高校资源配置

高校合同管理对于优化高校资源配置具有显著的重要性。资源配置是指将有限的资源进行合理分配，以满足高校各项活动的需求，而合同管理则在这一过程中发挥着至关重要的作用。合同管理通过明确资源的使用目的、方式和期限，有助于高校更加精确地掌握资源的需求和分配情况。合同中详细列明的条款，如设备购买、知识产权分配、技术研发、服务采购等，都为高校提供了清晰的资源配置依据。这使得高校能够根据合同要求，有针对性地进行资源配置，避免资源的浪费或不足。合同管理有助于高校实现资源的最大化利用。在合同履行过程中，高校需要按照约定完成各项任务，这就要求高校必须对资源进行合理调度和安排。通过精细化的合同管理，高校可以确保资源在各个环节中得到充分利用，从而提高资源的使用效率。

合同管理还能推动高校资源的创新配置。随着科技的发展和教育模式的变革，高校需要不断探索新的资源配置方式以适应新的需求。合同管理中的灵活条款和协商机制，为高校与合作伙伴共同探索新的资源配置模式提供了可能，有助于高校实现资源配置的创新和优化。从长期发展的角度来看，合同管理通过规范资源的投入、使用和产出，有助于高校形成科学、合理的资源配置体系。这不仅对高校当前的运营有着积极影响，更能为高校的可持续发展奠定坚实基础。因此，可以说合同管理在优化高校资源配置方面发挥着不可替代的作用。通过精细、科学的合同管理，高校能够更加合理、高效地配置和利用资源，推动教育事业的持续健康发展。

3. 提升高校的管理效率

合同管理作为高校内部管理的一项关键活动，通过规范化、系统化的操作流程，能够显著提高高校各项工作的协调性和执行效率。合同管理通过明确各方权责，减少了管理过程中的模糊地带和潜在冲突。在合同签订阶段，双方就各自的权利和义务达成明确共识，这有助于在后续执行过程中减少误解和纠纷，使管理工作更加顺畅。合同管理推动了高校内部流程的规范化。为了有效管理合同，高校需要建立一套完善的合同管理制度，包括合同的审批、签署、执行、变更和终止等各个环节。这些规范化的流程不仅提升了合同管理的效率，也带动了高校其他管理活动的有序进行。合同管理有助于实现信息的集中管理和快速查询。通过建立合同管理信息系统，高校可以方便地跟踪合同的执行状态，及时获取相关数据和信息，为决策提供支持。这种信息化的管理方式大大提高了管理效率，减少了信息传递的时间和误差。此外，合同管理还能促进高校内部各部门之间的沟通与协作。合同的履行往往涉及多个部门的协同工作，通过合同管理，各部门可以更加明确自身的职责和角色，加强沟通与配合，从而提高整体的管理效率。

4. 保障高校合法权益

合同作为法律关系的直接体现，明确规定了合同双方的权利与义务，为高校在复杂的经济社会环境中开展各类活动提供了法律层面的保障。高校合同管理通过严格的合同起草、审查和签署流程，确保了合同条款的合法性、合规性，从而预防了因合同条款不清晰或不合法而产生的法律风险。这不仅能够在事前规避潜在的法律纠纷，还能够在事中全程跟踪监督，以及事后为高校提供有力的法律支持。合同管理有助于高校在履行合同过程中实时监控和评估对方的履约情况，一旦发现对方存在违约行为，高校可以迅速采取措施，依据合同条款维护自身权益，包括要求对方承担违约责任、进行赔偿等。这种及时的权益保障机制，对于维护高校的合法权益至关重要。合同管理还包括合同的变更、解除和终止等环节的管理。在这些环节中，高校合同管理同样发挥着重要作用，它能够确保高校在合同关系发生变化时，依然保持自身权益的最大化。此外，高校合同管理还涉及合同纠纷的处理。一旦发生合同纠纷，合同管理能够提供完整的证据链条，支持高校通过法律途径解决争议，确保高校的合法权益不受侵犯。

二、高校合同的类型与内容

（一）教学服务合同

高校合同中的教学合同，是涉及教育教学活动的一类重要契约，规范了高校与外部教育机构、教师或学生之间的权利和义务关系。这类合同对于确保教学质量、明确各方职责、保护相关方权益具有重要意义。

教学合同的主体通常包括高校、企业、教育机构、教师和学生等。其中，高校作为教育服务的提供方，与校外单位或个人进行合作，共同开展教学活动。合同的主要目的是明确双方在教学过程中的责任和义务，确保教学活动的顺利进行，并达到预期的教学目标。

合同应详细说明教学的内容、课程设置、教学进度等，以确保双方对教学活动的具体安排有明确的了解。合同中应规定教学所需资源、设施及其使用方式，包括教室、实验室、教材等，以保障教学活动的正常进行。为确保教学质量，合同应包含教学质量的评估标准、方法和周期，以及不达标时的处理措施。合同中需明确学费、杂费等相关费用的数额、支付方式及期限，以避免因费用问题产生纠纷。涉及教学内容、教材等知识产权的问题时，合同应规定双方的保密义务和知识产权归属。合同应包含违约责任条款，明确双方违约时的处理方式。同时，也应规定争议解决机制，如协商、仲裁或诉讼等。

（二）科研合同

高校合同中的科研合同是指高校与外部科研机构、企业或个人之间，为了共同开展科学研究项目而签订的契约。这类合同在推动科技创新、促进产学研结合方面发挥着重要作用。

科研合同应明确研究的主题、目标和范围。合同中详细阐述了科研项目的研究内容、预期成果以及技术路线，这为项目的实施提供了清晰的方向。同时，合同还规定了项目的执行计划、时间节点和完成标准，确保研究工作能够按计划有序进行。在科研合同中，经费预算与使用是一个重要环节。合同详细列出了项目所需的经费预算，包括设备购置、材料采购、人员费用等各项开支。同时，合同还规定了经费的使用方式、支付条件和监督管理机制，以确保经费的合理有效利用，并防止可能出现的财务违规行为。

知识产权归属与保护是科研合同中的核心内容。由于科研项目往往涉及重要的技术创新和知识产权，因此合同必须明确研究成果的归属权、使用权和转让权。这既保护了研究团队的合法权益，也促进了科技成果的转化和应用。此外，科研合同还包含风险分担与违约责任条款。由于科研工作具有不确定性和风险性，因此合同明确规定了风险分担的方式和比例，以及违约时应承担的法律责任。这不仅有助于降低科研过程中的不确定性，还可以增强合作双方的责任感和履约意识。

（三）基建与采购合同

高校合同中的基建与采购合同主要涉及高校的基础设施建设和物资采购活动。这类合同对于高校的建设与发展具有重要意义，不仅关系到校园硬件设施的完善，还直接影响到高校的教学、科研以及师生的日常生活。

基建合同主要围绕高校的基础设施建设项目展开，如教学楼、实验室、图书馆、学生宿舍等的建设与改造。这类合同详细规定了工程项目的规模、设计、施工标准、工期以及质量要求等关键要素。合同中还明确了双方的权利和义务，包括工程款的支付方式、工程变更的处理原则以及违约责任等。基建合同的签订和执行，旨在确保高校基础设施建设的顺利进行，提升校园的整体环境和功能布局。

采购合同则涉及高校日常运营所需的各类物资、设备和服务的采购。这些物资可能包括教学设备、实验器材、办公用品、图书资料以及后勤服务等。采购合同中明确规定了采购物品的名称、规格、数量、质量要求以及价格等关键条款。同时，合同还规定了交货期限、验收标准、付款方式和售后服务等内容。采购合同的签订和执行，旨在确保高校能够及时获得所需的物资和服务，保障教学、科研等活动的正常开展。

基建与采购合同的共同点是具有明确的法律约束力和规范性，不仅保护了高校的合法权益，也规范了供应商和施工方的行为。通过合同的签订和执行，高校能够确保基础设施建设和物资采购的质量、进度和成本得到有效控制，从而为高校的长远发展提供有力支持。此外，基建与采购合同还体现了高校与社会的紧密联系和合作。高校通过与供应商和施工方的合作，能够引入先进的技术和管理经验，提升校园建设的水平。同时，这种合作也有助于推动相关产业的发展，服务地方经济，实现高校与社会的共赢。

（四）国际交流与合作合同

高校合同中的国际交流与合作合同是高校与国际教育机构、国外高校、科研机构或企业进行跨国合作时所签订的重要法律文件。这类合同不仅促进了国际的教育资源共享和学术交流，还为高校师生提供了更广阔的国际化视野和学习机会。

国际交流与合作合同应明确合作双方的基本情况和合作目的。合同详细阐述了双方合作的背景、意义和预期目标，为整个合作过程提供了明确的方向。这种合作通常旨在推动教育国际化进程、加强学术交流、提高教学和科研水平，以及培养具有国际视野的人才。合同中详细规定了合作的具体内容和形式，包括师生交流、课程引进、科研合作、联合培养、双学位项目等。每一项合作内容都明确规定了双方的责任和义务，确保合作能够按照既定计划顺利进行。经费安排与支持是国际交流与合作合同中的重要部分。合同明确了合作所需的经费来源、使用方式和监管机制。这包括双方如何分担成本、如何管理和使用资金、以及如何确保经费使用的透明性和合规性。合理的经费安排是合作成功的重要保障。

知识产权保护和成果分享也是合同中的关键内容。由于国际合作往往涉及知识产权的跨境使用和转让，合同必须明确规定双方对合作成果的所有权、使用权和收益分配权。这有助于保护双方的合法权益，促进科技成果的转化和应用。此外，国际交流与合作合同还包含了争议解决机制和法律适用条款。由于合作双方可能来自不同的法律体系和文化背景，合同中必须明确规定在出现争议时的解决方式，以及合同所适用的法律。这有助于减少潜在的法律纠纷，确保合作的顺利进行。

第二节　合同审查在法律风险管理中的作用

一、高校合同审查的基本概念与理论基础

（一）合同审查的定义及重要性

1. 合同审查定义

合同审查，在高校管理中，特指按照法律法规以及双方当事人的约定，对即将签订的合同内容、格式进行全面细致的核查过程。这一过程旨在确保合同的合法性、合规性，并评估潜在的法律风险，以保障高校的合法权益。

在审查合同时，需要关注合同的主体是否具备签订合同的资格，合同条款是否符合国家法律法规，以及合同的内容是否真实反映了双方当事人的意愿等。同时，还要对合同的履行方式、违约责任、争议解决等重要条款进行仔细推敲，以确保合同内容明确、具体，便于执行。此外，高校合同审查还涉及对合作方的信誉、资质及履约能力进行综合评估，以降低因合作方问题而引发的法律风险。这一环节对于预防未来可能出现的法律纠纷至关重要。

2. 合同审查的重要性

合同审查是确保高校经济活动合法合规的关键环节。高校作为法人实体，在对外经济活动中必须严格遵守国家法律法规。通过合同审查，可以及时发现并纠正合同中可能存在的违法违规条款，从而避免高校因合同条款不当而陷入法律纠纷。合同审查有助于维护高校的合法权益。在合同签订前对合同内容进行全面细致的审查，能够确保合同条款公平合理，防止对方利用合同漏洞损害高校的利益。同时，通过审查还可以识别并规避潜在的法律风险，为高校筑起一道法律防线。

（二）合同审查与法律风险管理的内在联系

1. 合同审查是法律风险管理的重要组成部分

合同审查有助于高校识别并评估合同中的法律风险。通过对合同条款的逐一核查，可以发现其中可能存在的法律问题，如主体资格不符、条款不合法或显失公平、争议解决约定不明、权利义务划分不清晰等。这些问题如果未经审查而直接签订合同，将为高校带来巨大的法律风险。因此，合同审查能够帮助高校在合同签订前及时发现并规避这些风险。合同审查也是高校完善内部法律风险防控体系的重要环节。通过定期的合同审查和风险评估，高校可以不断总结经验，发现自身在法律风险管理方面存在的不足，并据此完善相关的管理制度和流程。这不仅有助于高校提升法律风险管理的整体水平，还能为高校的稳健运营提供有力的法律保障。从更宏观的角度来看，合同审查也是高校推进依法治校、提升管理规范化水平的重要举措。在高等教育日益国际化的背景下，高校面临的法律环境也日趋复杂。通过加强合同审查，高校可以更好地适应这一变化，从而确保自身的经济活动在法律法规的框架内进行。

2. 合同审查有助于预防法律风险

高校合同审查与法律风险管理的内在联系中，合同审查对于预防法律风险发挥着至关重要的作用。合同作为高校与外部实体进行经济交易和法律合作的主要形式，其条款的合法性、合规性和严密性直接影响着高校面临的法律风险敞口。因此，合同审查成为预防这些风险的首道防线。具体而言，合同审查通过深入剖析合同条款，确保其内容符合国家法律法规、教育政策以及高校的内部规章制度。在这一过程中，审查人员会特别关注合同中可能存在的法律风险点，如双方权利义务的不明确、违约责任的模糊、争议解决机制的不合理等。一旦发现这些问题，高校便有机会在合同签订前进行必要的修改和完善，从而有效预防未来可能出现的法律争议和纠纷。此外，合同审查还涉及对合作方的资信调查和履约能力评估。这一环节有助于高校提前识别并规避与不良合作方签订合同所带来的法律风险。通过全面的合同审查，高校可以更加谨慎地选择合作伙伴，确保合同的顺利履行，进而降低因合作方违约而引发的法律风险。

3. 合同审查提升法律风险管理的针对性和实效性

合同审查作为一种前瞻性的管理手段，能够在合同签订前就发现并纠正潜在的法律问题。这种前置控制方式有效地避免了合同签订后可能出现的法律纠纷，从而降低了法律风险管理的成本和时间消耗。通过定期的合同审查和反馈机制，高校可以不断完善内部合同管理流程，提升合同管理的规范化和标准化水平。这种持续改进的管理方式不仅提高了工作效率，也增强了法律风险管理的实效性。合同审查不仅关注风险的预防，还注重风险应对能力的培养。通过不断积累和总结经验，高校可以更加从容地应对未来可能出现的法律风险和挑战。

4. 合同审查与法律风险管理相互促进

合同审查的深入进行可以揭示高校在合同管理方面存在的漏洞和不足，这些信息对于完善法律风险管理体系至关重要。通过合同审查发现的问题，高校可以及时调整法律风险管理的策略和重点，增强管理的针对性和实效性。此外，合同审查过程中积累的经验和知识也可以为法律风险管理体系的建设提供宝贵的参考。健全的法律风险管理体系能够为合同审查提供更加明确的指导。法律风险管理体系中确立的审查原则、流程和方法，可以确保合同审查的全面性和系统性。同时，法律风险管理体系中包含的风险评估机制和应对措施，也为合同审查提供了有力的支持和保障。这使得合同审查工作能够更加高效地识别并应对潜在的法律风险。合同审查与法律风险管理的相互促进还体现在两者的共同发展中。随着高校法治化建设的不断深入，合同审查和法律风险管理都将面临新的挑战和机遇。两者之间的紧密配合和相互促进，将有助于高校在不断变化的环境中保持稳健的运营态势，并推动高校法治化水平迈上新的台阶。

二、合同审查在法律风险管理中的应用

（一）预防法律风险

1. 通过审查发现潜在的法律问题

在合同审查过程中，专业的法务人员或法律顾问会对合同文本进行逐字

逐句地推敲，对合同中的每个条款、每个表述都进行深入的法律分析。这种审查不仅关注合同条款的合法性，还关注其在实际操作中的可行性和可能带来的法律风险。例如，合同中关于权利义务、交付时间、质量标准、违约责任、争议解决等关键条款的表述是否准确、清晰，是否存在模糊不清或容易产生歧义的地方，这些都是审查的重点。通过细致地审查，可以及时发现合同中可能存在的法律问题，如条款的合法性瑕疵、权利义务的不对等、违约责任的不明确等。这些问题的及时发现，为高校提供了改正和完善的机会，避免了因合同条款不当而可能引发的法律纠纷和经济损失。此外，合同审查还有助于高校识别合作方的资信状况和履约能力，从而进一步降低法律风险。例如，在审查过程中，可以通过对合作方提供的资质证明、经营许可等文件进行核查，以确保其具备履行合同的能力。

2. 提前规避可能产生的法律纠纷

在合同审查中，法务人员会结合高校的实际情况和需求，对合同条款进行深入剖析，判断其是否存在引发法律纠纷的隐患。例如，对于涉及知识产权、保密义务、违约责任等关键条款，审查人员会格外关注，以确保这些条款的表述清晰、权责明确，避免未来因理解歧义或约定不明而引发争议。此外，合同审查还包括对合作方的资质、信誉以及履约能力的评估。这一环节对于预防因合作方问题而引发的法律纠纷至关重要。通过审查合作方的相关资质和经营状况，高校可以确保其具备履行合同的能力，从而降低因合作方违约而带来的法律风险。值得一提的是，合同审查的过程本身也是一次法律风险教育的机会。通过参与审查，高校内部人员可以更加深入地了解法律风险的来源和表现形式，从而在未来的工作中更加谨慎地处理合同事务，减少不必要的法律纠纷。

（二）完善合同条款

1. 确保合同条款的合法性和有效性

合同作为法律文件，其条款必须严格遵守国家法律法规，同时也要保证条款的实际执行效果。因此，合同审查成为确保合同条款合法性和有效性的关键环节。

合同审查的核心目的是对合同条款进行法律层面的审核，以确保其合法性。在审查过程中，法务人员会仔细核对合同条款是否与国家法律法规、政策等保持一致，是否存在违反法律规定的内容。这种合法性审查能够及时发现并纠正合同条款中的违法因素，从而避免高校因合同条款不合法而陷入法律纠纷。合同审查还关注条款的有效性。这包括条款是否具有明确的权利义务约定，是否具备可执行性，以及在合同履行过程中是否能够达到预期的法律效果。有效性审查旨在确保合同条款不仅合法，而且能够在实际操作中发挥应有的约束力和保护作用。例如，对于涉及金额较大、履行期限较长的合同，审查人员会特别关注违约责任、争议解决等条款的有效性，以确保在合同履行过程中双方权益得到有效保障。此外，合同审查还涉及对合同整体结构和逻辑的把握，以确保合同条款之间的协调性和一致性。这有助于避免因条款之间的矛盾或冲突而影响合同的合法性和有效性。

2. 使合同更加规范、明确，减少歧义

合同的规范性和明确性对于保障双方权益、预防纠纷具有至关重要的作用。因此，在合同签订前进行细致的审查，不仅可以确保合同条款的合法性，还能进一步提升合同的规范性和清晰度。

合同审查有助于提升合同的规范性。在审查过程中，法务人员会对照法律法规以及合同编写的最佳实践，对合同文本进行逐一核查。这包括合同格式是否规范、条款设置是否合理、语言表达是否专业等。通过审查，可以及时发现并纠正合同中存在的不规范之处，使合同更加符合法律文书的标准和要求。合同审查有助于提高合同的明确性。明确性是合同有效执行的基础，它要求合同条款必须清晰、具体，能够准确表达双方的意愿和约定。在审查过程中，法务人员会重点关注合同中的关键条款，如双方的权利义务、履行方式、期限等，确保其表述明确、无歧义。通过精确调整和优化合同语言，可以大大降低因条款模糊而引发的争议风险。合同审查在减少歧义方面具有显著效果。歧义是合同纠纷的常见根源之一，它可能导致双方对合同条款产生不同的理解。通过合同审查，法务人员会仔细甄别并修改那些可能引起歧义的表述，确保合同内容在语义上的单一性和确定性。这样不仅可以增强合同的可操作性，还能有效预防因理解差异而引发的法律争议。

（三）强化合同履行的监督和管理

1. 合同审查在强化监督中的应用

合同审查不仅是风险管理的起点，更是整个合同生命周期中监督环节的关键。合同审查为监督提供了明确的依据和标准。在合同签订之前，通过对合同内容的深入审查，可以明确双方的权利和义务、履行方式、期限等关键要素。这些要素一旦确定，就成为后续监督的基准和参照。高校可以根据审查结果制订详细的监督计划，确保合作方按照合同约定履行义务。

合同审查有助于建立完善的监督机制。在审查过程中，高校可以识别出潜在的风险点和可能存在的问题，并据此制定相应的监督措施。例如，对于涉及金额较大或履行期限较长的合同，高校可以设立定期的检查点，对合作方的履约情况进行实时监控。这种监督机制能够及时发现并纠正合同履行中的偏差，确保合同按照既定轨道顺利推进。合同审查强化了监督的针对性和实效性。通过审查，高校对合同的细节和特殊要求有了更深入的了解，这使得监督过程更加精准和高效。高校可以根据合同条款和实际情况，制定个性化的监督方案，对关键环节和重要节点进行重点把控。这种有针对性的监督方式能够大幅提升监督的效果，降低合同履行过程中的风险。此外，合同审查还促进了监督与风险管理的深度融合。在审查阶段，高校就已经对合同中的法律风险进行了全面评估，这为后续的监督工作提供了重要的参考。在合同履行过程中，高校可以结合审查结果和监督情况，不断调整和优化风险管理策略，确保合同的安全履行。

2. 合同审查在风险管理中的深化作用

合同审查能够显著提升高校对法律风险的识别和预防能力。通过对合同条款的逐一核查，高校在合同签订之前就可以预见到可能的法律风险，如合作方的履约能力、合同条款的合法性和明确性等。这种前瞻性的审查有助于高校及时采取措施规避风险，或者在风险发生时有备无患。合同审查有助于高校建立完善的法律风险防范体系。通过定期的合同审查和风险评估，高校可以不断积累法律风险管理的经验，进而形成一套行之有效的风险防范机制。这不仅包括合同签订前的审查流程，还涵盖合同履行过程中的监督和管理，以及风险事件发生后的应急处理方案。

合同审查能够促进高校内部各部门之间的协同合作。在合同审查过程中，往往需要法务、财务、业务等多个部门共同参与。这种跨部门的协作不仅有助于提升审查的效率和准确性，还能增强各部门之间的沟通和协调，从而在高校内部形成一股强大的风险管理合力。此外，合同审查还能推动高校不断完善自身的法人治理结构。通过对合同的严格审查和管理，高校可以更加明确各级领导和各部门的职责权限，确保合同的签订和执行符合法律法规和高校内部规章制度的要求。这有助于提升高校的治理水平和整体运营效率。

第三节　高校合同管理的挑战与机遇

一、高校合同管理面临的挑战

（一）合同管理制度不完善

合同管理制度不完善体现在：一是制度设计的缺失。许多高校在合同管理方面缺乏系统、全面的制度规划，导致合同的签订、执行、监督等各个环节缺乏明确的操作指南和规范。这种制度设计的缺失不仅使管理人员在实际操作中无章可循，更可能引发合同管理的混乱和效率低下。例如，在合同签订前，若缺乏明确的审查流程和标准，可能会导致合同条款不清晰、权责不明确，进而埋下法律纠纷的隐患。二是制度执行的不力。即便高校制定了相应的合同管理制度，但在实际操作中，这些制度往往难以得到有效执行。一方面，可能是由于管理人员对制度理解不足或重视程度不够，导致制度形同虚设；另一方面，可能是由于制度本身存在缺陷，如条款过于笼统、缺乏可操作性等，使得执行难度加大。这种制度执行的不力会严重削弱合同管理的效果，甚至可能给高校带来不必要的法律风险和经济损失。

（二）合同管理信息化程度不足

高校合同管理面临的挑战中，合同管理信息化程度不足是一个值得深入探讨的问题。在当今信息化时代，高校合同管理信息化程度的不足，不仅制约了管理效率的提升，更可能对高校的合同安全和法律风险防控构成潜在威胁。

从管理效率的角度来看，合同管理信息化程度不足导致高校在合同管理过程中仍然依赖大量的人工操作。合同信息的录入、查询、更新和归档等环节，如果缺乏信息化系统的支持，将耗费大量的人力和时间资源。这种传统的管理方式不仅效率低下，而且容易因为人为因素导致信息错误或遗漏，进而影响合同管理的准确性和可靠性。信息化程度不足还会影响高校对合同执行情况的实时监控和跟踪。在合同履行过程中，及时掌握合同的执行情况对于预防和解决可能出现的问题至关重要。然而，如果缺乏信息化的管理手段，高校将难以对合同的进度、付款情况等关键信息进行实时更新和监控，从而增加了合同违约和纠纷的风险。

此外，合同管理信息化程度不足还会削弱高校对合同风险的防控能力。信息化系统可以通过数据分析和预警机制，帮助高校及时发现和应对潜在的合同风险。然而，如果信息化程度不足，高校将无法充分利用这些先进的风险管理工具，导致风险防控的滞后和被动。在面对复杂的法律环境和多变的市场情况时，这种滞后和被动可能会给高校带来巨大的经济损失和声誉损害。更深层次地分析，合同管理信息化程度不足反映了高校在信息化建设和管理理念上的滞后。在当今信息化高速发展的社会背景下，高校应当充分认识到信息化在合同管理中的重要性和必要性，积极推动信息化建设进程。这不仅包括引进先进的信息化管理系统，更包括培养一支具备信息化素养的管理团队，以及建立完善的信息化管理制度和规范。

（三）合同风险识别与防控难题

高校合同管理面临的挑战中，合同风险识别与防控难题尤为突出。这一难题不仅关系到高校的经济利益，更直接影响到高校的声誉和长期发展。合同风险识别是合同管理中的首要环节，它要求管理人员能够准确、全面地识别和评估合同中可能存在的各种风险。然而，在实际操作中，高校往往面临着诸多困难。首先，合同条款的复杂性和专业性给风险识别带来了不小的挑战。高校合同往往涉及多个领域，如基建、采购、科研合作等，每个领域的合同条款都有其特定的行业规则和法律要求。这就要求合同管理人员不仅需要具备丰富的法律知识，还需要对各个领域的专业知识都有所了解，才能准确识别合同中的潜在风险。合同风险识别的时效性也是一个难题。市场环境、政策法规等因素的不断变化，都可能对合同的履行产生影响，进而带来新的风险。这就要求高校合同管理人员能够时刻关注外部环境的变化，及时调整风险识别策略。然而，由于高校合同管理人员数量有限，且日常工作量较大，很难做到对每一份合同都进行实时、全面的风险识别。

在合同风险防控方面，高校同样面临着诸多挑战。一方面，高校需要建立完善的合同管理制度和流程，确保合同的签订、履行、变更和解除等环节都符合法律法规的要求。然而，在实际操作中，由于制度执行不力、流程设计不合理等原因，往往导致合同风险防控的效果大打折扣。另一方面，高校还需要加强与外部合作伙伴的沟通和协作，共同应对合同履行过程中可能出现的风险。然而，由于信息不对称、利益诉求不一致等，导致高校与合作伙伴之间往往存在着一定的信任障碍，这增加了合同风险防控的难度。

（四）跨部门协同管理的困难

高校合同管理面临的挑战中，跨部门协同管理的困难是一个普遍存在的问题，它涉及组织结构、沟通机制、权责分配等多个方面。高校作为一个复杂的组织系统，其内部往往划分为多个职能部门，如教务处、科研处、财务处、后勤处、资产处等。这些部门在各自的职责范围内开展工作，但有时需要共同参与到合同管理工作中。然而，在实际操作中，由于部门间职能划分明确，往往会出现各自为政、推诿扯皮的现象，导致合同管理流程受阻。

跨部门协同管理的困难源于部门间信息沟通不畅。高校合同管理涉及多个环节，包括合同起草、审批、签署、执行和归档等，这些环节需要不同部门之间的紧密配合。然而，由于部门间缺乏有效的信息共享机制，导致信息传递不及时、不准确，甚至出现信息断层。这种信息沟通不畅不仅影响了合同管理的效率，还可能因为信息误差而引发合同风险。权责不清也是跨部门协同管理困难的一个重要原因。在高校合同管理中，各部门之间的职责和权限往往没有明确界定，导致在合同执行过程中出现责任推诿、互相扯皮的现象。例如，当合同出现问题时，各个部门可能会争相推卸责任，而不是积极寻求解决方案。这种权责不清不仅降低了合同管理的效率，还可能损害高校的利益。此外，部门间的利益冲突也是跨部门协同管理困难的一个不可忽视的因素。在高校中，各个部门都有其自身的利益诉求，这些利益诉求有时可能与整体利益产生冲突。在合同管理过程中，如果某个部门的利益受到损害，它可能会采取消极的态度甚至阻碍合同的顺利执行。这种利益冲突不仅加剧了跨部门协同管理的难度，还可能破坏高校内部的和谐氛围。

二、高校合同管理面临的机遇

（一）信息化建设带来的管理效率提升

1. 流程自动化与简化

随着信息技术的不断发展，高校合同管理正逐步实现从传统纸质流程向电子化、自动化流程的转变。合同审批流程的自动化大大缩短了处理时间。传统模式下，合同审批需要经过多个部门的手工签字盖章，过程烦琐且耗时。而信息化建设引入了电子签章和在线审批系统，使得审批流程可以在线上快速完成。这不仅减少了纸质文档的传递和存储成本，还避免了因人为因素导致的审批延误。合同管理系统的自动化提醒功能简化了合同执行和跟踪过程。系统可以根据合同约定的时间节点自动发送提醒，确保相关人员不会错过任何关键日期，如履约期限、付款时间等。这种自动化的提醒机制减少了人为疏忽的可能性，提高了合同履行的准确性和及时性。

信息化建设使得合同数据的录入、查询和统计分析变得更为便捷。通过统一的合同管理平台，管理人员可以轻松地录入合同信息，并根据需要进行快速查询和复杂的数据分析。这大大提升了数据处理的效率，并为高校的决策提供了更为准确、全面的数据支持。此外，流程的自动化与简化还体现在合同变更和续签的管理上。当合同需要变更或续签时，系统可以自动生成相关文档和审批流程，减少了手动操作的时间和出错率。这不仅提高了工作效率，还确保了合同管理的规范性和一致性。

2. 数据整合与共享

信息化建设通过构建一个集中、统一的数据管理平台，实现了高校内部各部门之间合同相关数据的整合。这意味着，原本分散在各个部门和系统中的数据现在可以被汇总到一个平台上，从而形成一个全面、准确的数据视图。这种整合不仅消除了数据孤岛现象，还确保了数据的完整性和一致性。在数据整合的基础上，信息化建设进一步推动了数据的共享。通过设定适当的访问权限和数据交换标准，不同部门之间可以方便地共享合同数据。这种共享机制打破了部门壁垒，促进了信息的流通与利用。例如，财务部门可以实时获取合同金额、付款条件等关键信息，以便进行准确的预算和财务规划；而采购部门则可以及时了解各类合同的履行情况，为后续的采购活动提供决策依据。

数据整合与共享还带来了诸多实际效益，提高了工作效率。通过减少数据重复录入和验证的环节，既可以使工作人员更加专注于合同管理的核心业务，也增强了数据的质量。由于所有数据都来源于一个统一的平台，因此可以避免因数据不一致而导致的错误和冲突。此外，还提升了决策的科学性。基于全面、准确的数据分析，高校可以做出更为合理和有效的合同管理决策。

3. 风险防控能力的提升

信息化管理系统能够实现实时数据监控，及时发现和解决合同风险。通过系统对合同履行过程中的关键数据进行实时监控，一旦数据出现异常，系统能够立即发出预警，使管理人员能够在第一时间采取应对措施，从而有效降低合同风险的发生概率。信息化建设提高了合同审批的透明度和规范性，进而降低了合同风险。借助信息化管理系统，高校可以实现合同审批流程的标准化和电子化，确保审批过程的公正、透明，避免出现内部操作风险和人为干扰。这不仅提高了审批效率，还大大减少了因审批环节不规范而引发的合同风险。

通过数据挖掘和分析技术，信息化管理系统能够帮助高校更全面地了解合同履行的历史情况，发现潜在的风险点，并为未来的合同管理提供科学的决策依据。这种基于数据的决策方式，大大提高了高校对合同风险的预判和应对能力。信息化建设还推动了高校合同管理相关制度的完善。在信息化系统的支持下，高校可以更加便捷地对合同管理流程进行监控和审计，从而及时发现制度上的漏洞和不足，推动相关制度的不断完善和优化。这进一步夯实了高校合同管理的风险防控基础。

4. 决策支持的强化

信息化建设通过数据集成和系统分析，为高校合同管理决策提供了全面、准确的数据基础。高校合同管理系统能够实时收集和整理各类合同数据，包括合同金额、执行进度、付款情况等关键信息。这些数据经过系统分析后，以直观、易懂的图表和报告形式展现给决策者，帮助决策者全面了解合同管理的整体状况，为科学决策提供了有力支撑。信息化建设利用大数据和人工智能技术，实现了对合同数据的深度挖掘和预测分析。通过对历史合同数据的分析，系统能够发现隐藏在数据中的规律和趋势，为高校未来的合同管理提供预测和建议。这种基于数据的决策方式不仅提高了决策的准确性和前瞻性，还降低了决策风险。此外，信息化建设推动了高校合同管理决策的透明化和民主化。通过信息化平台，决策者可以更加便捷地获取各方面的信息和意见，包括来自师生群体、专家学者以及相关利益方的声音。这使得决策过程更加开放和包容，有助于形成更加全面、客观的决策方案。

（二）合同管理专业化发展的趋势

1. 专业人员的引进与培养

随着高校参与市场经济活动的不断深入，合同管理作为保障高校权益、防范法律风险的重要环节，其专业性要求日益凸显。专业人员的引进能够为高校合同管理注入新的活力和专业知识。高校通过招聘具有法律、管理等相关专业背景的人才，能够直接提升合同管理团队的整体素质。这些专业人才不仅具备扎实的理论基础，还拥有丰富的实践经验，能够更准确地识别合同风险、优化合同管理流程，并为高校提供更具针对性的法律建议。

专业人员的培养对于提升高校合同管理专业化水平同样重要。高校通过定期举办培训、研讨会等活动，为现有的合同管理人员提供持续学习和进步的机会。这种培养方式不仅有助于更新管理人员的知识储备，还能提升其实际操作能力，使其更好地适应不断变化的市场环境和法律法规要求。此外，专业人员的引进与培养还能够促进高校合同管理团队的内部交流和合作。新引进的专业人才可以带来新的理念和方法，与现有团队成员产生良好的互补效应。同时，通过共同的学习和培训，团队成员之间的沟通和协作能力也将得到提升，从而进一步增强高校合同管理团队的凝聚力和战斗力。

2. 专业化系统的应用

随着信息技术的快速发展，高校合同管理领域正逐步引入专业化的信息系统，以提升管理效率、降低操作风险，并加强合同履行的监控。专业化的合同管理系统能够实现合同的电子化存储，这不仅节省了物理存储空间，还大大提高了合同文档的检索速度。系统通过关键词、日期、合同编号等多种方式，使得查找特定合同变得迅速而准确。专业化系统能够对合同数据进行深入分析，帮助高校识别潜在的合同风险。例如，通过对比历史合同数据，系统可以预测未来可能出现的合同履行问题，并为高校提供风险预警。这种基于数据的决策支持，显著增强了高校对合同风险的防控能力。专业化的合同管理系统通常具备高级别的数据加密和权限控制功能，确保合同信息的安全性。

3. 专业化流程的建立

随着高校与外部合作日益频繁，合同管理的重要性逐渐凸显，而建立专业化流程则是提升合同管理效率、降低法律风险的关键。专业化流程的建立有助于高校实现合同管理的标准化和规范化。通过制定明确的合同管理流程，包括合同起草、审批、签署、履行和归档等各个环节，高校能够确保每一步操作都符合法律法规和学校内部的管理规定。这种标准化和规范化不仅提高了合同管理的效率，还降低了因操作不当而引发的法律风险。

专业化流程有助于提升合同管理的透明度和可追溯性。通过建立清晰的流程，高校可以方便地追踪合同的执行情况，包括合同进度、付款情况等关键信息。这种透明度和可追溯性不仅有助于高校及时发现并解决合同履行过程中出现的问题，还为内部审计和外部监管提供了便利。此外，专业化流程的建立还能够促进高校内部各部门之间的协作与沟通。合同管理涉及多个部门和多方利益，通过建立统一的流程，高校可以明确各部门的职责和权限，减少推诿和扯皮现象。同时，流程中的信息共享和反馈机制也有助于各部门之间及时沟通、协同工作，共同推进合同的顺利执行。

（三）风险防控机制的不断完善

1. 制度层面的完善

在宏观层面，高校制定了全面的合同管理制度，明确了合同管理的总体原则、基本流程和组织架构。这些制度确保了合同管理的规范性和一致性，为各部门在合同管理工作中提供了统一的指导和标准。通过确立清晰的合同管理政策，高校能够更有效地控制合同风险，保障学校的合法权益。

在微观操作层面，高校对合同管理的各个环节进行了细致的规定。例如，合同审批环节，高校明确了审批的权限和流程，避免了权力滥用和决策失误的风险；在合同签订环节，高校规范了合同文本的格式和内容，确保了合同的合法性和有效性；在合同履行环节，高校建立了严格的监管机制，确保合同按照约定履行，及时处理违约情况。

2. 技术手段的引入

通过引入合同管理信息系统，高校能够实现合同数据的电子化存储、检索和分析。这不仅大大提高了合同管理的工作效率，还确保了合同数据的准确性和完整性。信息系统可以对合同进行全生命周期的管理，包括合同准备、订立、履行到终结的各个环节，从而有效降低了因人为操作失误而引发的风险。

技术手段的引入使得高校能够建立风险预警机制。通过设定关键风险指标和阈值，系统能够实时监控合同履行情况，并在潜在风险出现时及时发出预警。这种自动化的风险监控方式，极大地提升了高校对合同风险的反应速度和处理能力。利用大数据和人工智能技术，高校可以对历史合同数据进行深入分析，发现合同管理中的规律和潜在问题。这些数据分析结果不仅有助于高校优化合同管理流程，还能为高校在合同谈判、签订和执行过程中提供科学的决策支持。

3. 专业人员的配备

随着高校合同管理复杂性的增加，仅仅依靠传统的行政管理人员已无法满足对合同管理专业性和风险防控的精细化要求。因此，高校开始重视并引进具有法律、经济、管理等相关专业背景的专业人员。这些专业人员通常具备深厚的理论知识和丰富的实践经验，能够准确识别和评估合同管理中的各类风险，不仅熟悉合同法律法规，还能根据市场动态和高校的具体情况，为高校量身定制风险防控策略。在合同谈判、起草、审查和履行过程中，能够提供专业的法律意见和风险管理建议，确保高校的合法权益得到最大化保护。

4. 与外部机构的合作

高校与法律服务机构的合作日益加深。这些法律服务机构包括律师事务所、法律咨询机构等，拥有专业的法律知识和丰富的实战经验。高校通过聘请他们作为法律顾问或进行专项法律咨询，能够确保合同文本的合法性和合规性，同时在合同纠纷处理、法律风险评估等方面获得专业支持。高校还积极与行业协会展开合作。行业协会通常汇聚了行业内的专家和资深从业者，他们对行业动态、市场变化有着敏锐的洞察力。通过与行业协会的交流与合作，高校可以及时了解行业最新动态，避免在合同管理中出现因信息不对称而导致的风险。

与监管机构的合作也是高校合同管理风险防控的重要一环。监管机构负责制定和执行相关法规，对高校合同管理具有指导和监督作用。高校通过与监管机构的沟通与合作，可以确保合同管理活动符合法律法规要求，及时获取政策变化信息，从而调整合同管理策略，降低违规风险。

（四）以合同管理促进高校治理能力现代化

规范化的合同管理有助于高校建立清晰明确的权责关系。在合同签订和执行过程中，各方权利义务得以明确界定，这有助于减少纠纷和冲突，维护高校的合法权益。同时，规范化的合同管理还能促进高校内部各部门之间的协调与合作，形成工作合力，提高管理效率。科学化的合同管理有助于高校实现资源的优化配置。通过合同条款的精心设计和严格执行，高校可以更加精准地掌控资源流向，确保资金、设备、人力等资源能够按照既定目标进行合理分配。这不仅有助于高校提升教育教学质量，还能为科研创新和社会服务提供有力支持。

精细化的合同管理有助于高校提升风险防控能力。在合同签订前进行详尽的尽职调查，评估合作方的资信状况和履约能力；在合同履行过程中实施动态监控，及时发现并应对潜在风险；在合同终止后进行总结评估，不断完善合同管理流程和风险防控机制。这一系列精细化管理举措将极大地增强高校抵御外部风险的能力。更为重要的是，以合同管理为切入点，可以推动高校治理体系的全面升级。合同管理涉及高校内部的多个部门和多个层面，通过优化合同管理流程、提升合同管理水平，从而带动高校内部管理体系的整体改进。同时，合同管理也是高校与外部世界交互的重要窗口，通过加强合同管理，高校可以更好地融入社会、服务社会，实现与社会发展的良性互动。

第二章　合同审查基础知识

第一节　合同审查的概述

一、合同审查的基本概念

（一）合同审查的定义

合同审查，从广义上理解，是一个系统性的过程，它涉及对合同内容、格式以及合法性的仔细检查和评估。此过程的核心目的是确保合同符合法律法规的要求，同时保障合同各方的权益。

合同审查包括对合同中各项条款的详细核查。这不仅涉及合同的基本要素，如当事人的名称或姓名、住所，合同的标的、数量、质量，价款或报酬，履行期限、地点和方式，违约责任，以及解决争议的方法等，还包括对合同格式是否规范、内容是否真实合法等方面的审查。审查过程中需要特别注意合同条款的清晰性和明确性，以避免未来可能出现的争议或纠纷。合同审查还强调合同的合法性。这意味着在审查过程中，必须确保合同内容不违反国家法律法规的强制性规定，不损害社会公共利益，不违背公序良俗。合法性审查是合同审查中最为关键的一环，因为它直接关系到合同的有效性和可执行性。此外，合同审查还包括对合同潜在风险的评估。审查人员需要运用专业知识和经验，对合同中可能存在的风险点进行识别和分析，并提出相应的风险控制建议。这一步骤对于预防未来合同履行过程中可能出现的纠纷和争议具有重要意义。

（二）合同审查的意义

1. 保障合同的合法性和合规性

在法律实践中，合同审查的意义体现在其能够切实保障合同的合法性和合规性。这一保障作用不仅关乎单个交易的成败，更影响着整个市场秩序的稳定和法治环境的构建。

合同的合法性是其存在和执行的基石。一份违法的合同，无论其内容如何详尽、条款如何精巧，都将在法律面前失去效力。因此，合同审查的首要任务就是核实合同内容是否符合国家法律法规的强制性规定。这包括对合同主体资格、交易标的、履行方式等各方面的法律审查。通过这一审查过程，可以及时发现并纠正合同中可能存在的违法条款，从而确保合同的法律效力。与此同时，合同审查还关注合同的合规性。合规性审查主要是检查合同是否符合行业规范、政策导向以及社会公共利益的要求。在现代社会，商业活动不仅受到法律的约束，还受到各种行业标准和社会责任的规范。因此，合同审查必须考虑到这些因素，确保合同内容不仅合法，而且符合行业惯例和社会期待。这样，合同才能在更广泛的社会环境中得到认可和执行。

保障合同的合法性和合规性对于维护市场秩序和法治环境具有深远意义。合法的合同能够保护交易双方的合法权益，防止因违法行为而导致的经济损失和法律风险。合规的合同有助于维护行业的公平竞争和良性发展，防止因不正当竞争而破坏市场秩序。从更宏观的角度来看，合同的合法性和合规性保障也是国家法治建设的重要组成部分，它体现了法律在商业交易中的权威性和指导性。此外，合同审查在保障合法性和合规性的同时，也为合同各方提供了一个明确、可预测的法律环境。当合同各方都清楚自己的权利和义务时，就能更有信心和动力去履行合同，从而促进商业活动的顺利进行。这种法律环境的稳定性和可预测性，对于降低交易成本、提高交易效率具有至关重要的作用。

2. 保护合同各方的权益

在商业活动中，合同作为连接各方利益的纽带，其重要性不言而喻。而合同审查，则是确保这一纽带稳固、公正的关键环节。其中，保护合同各方的权益，无疑是合同审查的核心意义之一。合同，从本质上讲，是各方意愿的表达与利益的分配。在一份合同中，各方都期望自己的权益得到充分的保障，而合同审查正是为了实现这一期望而存在的。通过审查，可以明确合同各方的权利和义务，防止因合同条款的模糊或歧义而损害任何一方的利益。这种保护是全方位的，既包括物质利益，也包括非物质利益如名誉权、知识产权等。

在商业实践中，由于信息不对称、谈判力量不均等种种原因，合同中可能存在对某一方不利的条款。如果缺乏有效的审查机制，这些不公平的条款就可能成为未来纠纷的导火索，甚至导致合作关系的破裂。而合同审查的目的，正是为了预防和纠正这种不公平现象，确保每一方的权益都能在合同中得到平等的体现和保护。此外，合同审查还关注合同履行的可行性和风险分配。一份合同不仅要公平合理，还要具有可操作性。通过审查，可以发现并修改那些可能导致履行困难或风险不合理的条款，从而确保合同各方在履行过程中能够顺利、安全地实现自己的权益。

从更深层次的角度来看，合同审查对权益的保护还体现在其预防性功能上。通过提前识别和修正合同中的问题，可以大大降低未来发生纠纷的可能性。这种预防性的保护，不仅节省了可能因纠纷而产生的诉讼成本和时间消耗，更重要的是维护了合同各方的商业信誉和长期合作关系。值得一提的是，随着全球化和信息化的发展，商业活动的复杂性和多样性不断增加。在此背景下，合同审查在保护各方权益方面的作用越发重要。它不仅要应对传统的法律风险，还要面对诸如数据保护、跨境交易等新挑战。因此，合同审查需要不断更新和完善，以适应这些新的挑战和需求。

3. 预防合同纠纷的发生

合同审查能够提前识别和修正合同中潜在的模糊、不明确或相互矛盾的条款。在合同签订之前，通过专业的法律人士对合同内容进行细致入微的审查，可以及时发现那些可能导致未来纠纷的隐患。例如，合同中关于交付时间、质量标准、付款方式等关键条款如果表述不清楚，很容易在履行过程中引发争议。而合同审查的目的就是要确保这些条款具体、明确，且各方对其含义达成共识，从而避免未来的误解和冲突。合同审查有助于平衡合同各方的权益，减少因利益分配不均而导致的纠纷。在商业合同中，各方往往都追求自身利益的最大化，这可能导致合同中出现一些对某一方过于苛刻或不公平的条款。如果这些条款未经审查即被接受，那么在合同履行过程中，受损方很可能会因为感到不公而提出异议，进而引发纠纷。而通过合同审查，可以及时发现并调整这些不公平的条款，确保合同各方的权益得到均衡保护，从而降低纠纷发生的可能性。

合同审查还能够评估合同的履行风险和制定应对策略。在审查过程中，专业法律人士会根据合同条款和实际情况，对合同履行过程中可能出现的风险进行预测和评估。这包括但不限于市场风险、技术风险、法律风险。通过这一步骤，合同各方可以在合同签订之前就对这些风险有所了解，并制定相应的应对措施。这样一来，即使在合同履行过程中遇到意外情况，各方也能够迅速应对，减少因风险导致的纠纷。此外，合同审查还有助于提升合同各方的法律意识和合规意识。在商业实践中，许多纠纷的发生并非因为合同条款本身有问题，而是因为合同各方对法律规定和合规要求缺乏足够的了解。通过合同审查，各方可以接触到更多的法律知识，了解自身在合同履行过程中的权利和义务，从而增强法律意识和合规意识。这不仅有助于预防纠纷的发生，还能够提升市场主体的整体法律风险管理水平。

4. 提高合同履行的效率和效果

在商业活动中，合同作为各方之间约定权利和义务的法律文件，其履行的效率和效果直接关系到商业目标的达成以及合作关系的稳定。合同审查，作为合同签订前的重要环节，对于提高合同履行的效率和效果具有深远的意义。

合同审查能够确保合同条款的明确性和具体性，从而提高履行的效率。在商业合同中，往往涉及多方利益、复杂的交易结构和多样的履行步骤。如果合同条款表述模糊、不明确，那么在履行过程中就可能出现理解上的偏差和操作上的困难。通过合同审查，可以及时发现并修正这些问题，确保合同中的每一项条款都清晰明了，各方对于自己的权利和义务都有明确的认识。这样一来，在合同履行过程中，各方就能够迅速而准确地执行合同，避免因为理解不当或操作失误导致的延误和纠纷，从而提高履行的效率。合同审查有助于优化合同结构和交易流程，进一步提升履行的效果。在审查过程中，专业法律人士会根据实际情况对合同的整体结构和各个条款进行细致的分析和评估，可能会发现某些条款存在冗余或冲突，或者某些交易流程可以更加简化高效。基于这些发现，可以对合同进行相应的调整和优化，使其更加符合法律实践的需要。这样一来，在合同履行过程中，各方就能够更加顺畅地协作，减少不必要的摩擦和冲突，从而提升履行的效果。

合同审查还有助于降低合同履行的风险，确保履行的稳定性和安全性。在审查过程中，会对合同履行过程中可能出现的风险进行预测和评估，并在合同中制定相应的风险应对措施。这些措施可能包括风险分担、违约责任、争议解决机制等。通过这些措施的落实，可以大大降低合同履行过程中的不确定性，确保各方在面临风险时能够迅速应对，保持履行的稳定性和安全性。从更宏观的角度来看，合同审查在提高合同履行效率的同时，也推动了社会活动的规范化和法治化进程。通过建立健全合同审查机制，可以推动各方更加注重法律规范和合同约定，减少任意性和违规行为的发生。这不仅有助于维护市场秩序和公平竞争环境，还能够提升整个社会的法治意识和信用水平。

二、合同审查的原则

（一）合法性原则

从合同内容层面来看，合法性原则要求合同中的各项条款不得违反国家法律法规的禁止性规定。这意味着，在审查合同时，必须仔细核对合同中的每一项内容，确保其不与现行的法律、行政法规等相抵触。例如，合同中关于交易标的、价格、履行方式等核心条款，都必须符合相关法律规定，否则合同将可能因违法而无效。因此，在合同审查过程中，法律专业人士会依据相关法律法规对合同内容进行逐一比对，确保合同的合法性。合同的形式也必须符合法律的规定。在某些情况下，法律对合同的形式有特定的要求，如必须采用书面形式、需要经过公证或认证等。这些形式要求是为了确保合同的真实性和可追溯性，从而保障合同各方的权益。因此，在审查合同时，需要关注合同的形式是否符合法律的规定，避免因形式不合规而影响合同的法律效力。

（二）合理性原则

合理性原则强调合同条款的公平性和均衡性。合同各方利益诉求不同，但合同条款应当确保每一方的权益都得到适当保护，避免出现一方权益被过度侵蚀的情况。审查人员需要仔细分析合同条款，判断其是否对各方权益进行了合理分配，是否存在明显偏袒某一方的不公平条款。例如，对于违约责任、争议解决方式等关键条款，应确保其既不过于苛刻也不过于宽松，而是在合理范围内平衡各方利益。合理性原则还关注合同条款是否符合商业惯例。商业惯例是在长期商业实践中形成的、为业界所普遍接受和遵循的行为规范。合同条款若与商业惯例相悖，可能会引发不必要的争议和纠纷。因此，审查人员需要了解相关行业的商业惯例，并据此评估合同条款的合理性。例如，在某些行业中，可能存在关于交货期限、支付方式等的惯例做法，合同条款应遵循这些惯例以确保商业活动的顺利进行。此外，合理性原则还要求合同条款不得违背公序良俗。公序良俗是社会公共利益和道德规范的体现，任何违反公序良俗的合同条款都是无效的。审查人员在审查合同时，应留意条款内容是否涉及违法、不道德或损害社会公共利益的行为。例如，涉及赌博、色情等违法活动的合同条款显然违背公序良俗，应予以剔除。

（三）完整性原则

完整性原则要求合同内容必须全面覆盖合同双方约定的所有重要事项。

这意味着在审查合同时，必须确保合同涵盖了交易的所有关键方面，包括交易标的、数量、质量、价格、交付方式、履行期限、争议解决、违约责任等。通过明确这些核心条款，合同双方能够清晰地了解自己的权利和义务，从而在合同履行过程中有明确的指导和依据。完整性原则还体现在对合同履行过程中可能出现的问题和风险的预见与规划上。一份完整的合同应当考虑到各种可能发生的情形，如不可抗力事件、合同变更、解除或终止的条件等，并提前在合同中约定相应的处理方式和责任分配。这样做不仅有助于合同双方在遇到问题时迅速找到解决方案，还能避免因约定不明而引发的争议和纠纷。此外，完整性原则还要求合同的语言表述必须准确、清晰，避免使用模糊、含混不清的措辞。合同作为一种法律文书，其语言表述的精确性直接关系到合同双方的理解和执行。因此，在审查合同时，应特别注意检查合同中的语言是否明确、无歧义，并确保所有关键术语和概念都得到了准确定义。

（四）明确性原则

明确性原则强调合同条款的清晰度和精确度。合同作为一种法律文书，其语言表述必须准确无误，不能产生任何歧义。在审查合同时，应严格把关合同用词的准确性和规范性，避免使用模糊、含混不清或有多种解释的措辞。只有这样，才能确保合同双方对条款内容有统一的理解，防止因语义不清而引发的误解和争议。明确性原则要求合同中的各项条款必须具备可操作性。合同不仅仅是纸上谈兵，更重要的是要在实际中得到有效执行。因此，合同条款必须具体、详尽，能够明确指导合同双方的实际行动。例如，在约定交付方式、履行期限、质量标准等关键内容时，应尽可能提供具体的操作步骤和衡量标准，以便合同双方能够按照约定顺利履行合同。此外，明确性原则还涉及合同结构的合理性和逻辑性。一份好的合同不仅要有明确的条款内容，还要有清晰的结构框架。在审查合同时，应注重合同的整体布局和逻辑关系，确保各个部分之间衔接紧密、条理清晰。这样做不仅有助于合同双方更好地理解和掌握合同条款，还能在发生争议时提供有力的依据和支持。

第二节　合同审查的流程与关键点

一、合同审查的流程

（一）准备工作

1. 了解背景信息与谈判底线

谈判底线是合同双方在谈判过程中所能接受的最低条件或最大让步。了解谈判底线对于审查人员来说至关重要，因为它直接关系到合同条款的公平性和合理性。如果合同条款超出了某一方的谈判底线，那么这份合同很可能在未来的履行过程中引发争议和纠纷。因此，通过了解谈判底线，审查人员可以更加精准地把握合同条款的设定，确保其既符合双方的利益诉求，又不至于触碰任何一方的底线。此外，了解背景信息与谈判底线还有助于审查人员识别合同中潜在的风险和问题。在掌握了足够的信息后，审查人员可以更加敏锐地察觉到合同条款中可能存在的漏洞、模糊之处或不合理之处，从而及时提出修改建议，确保合同的完整性和明确性。

2. 明确合同目的与类型

合同目的是指合同双方通过签订该合同所希望达到的法律效果或经济目标。明确合同目的有助于审查人员精准地把握合同的核心意图，进而对合同条款进行有针对性的审查。例如，若合同目的是购买特定商品，那么审查重点将围绕商品描述、交付方式、质量标准等展开；而若是服务合同，审查重心则可能转向服务范围、履行期限、费用支付等方面。

合同类型同样对审查工作具有指导意义。不同类型的合同，其法律规定和审查要点也各不相同。如买卖合同需关注货物的所有权转移、风险承担等问题，而租赁合同则需考虑租金支付方式、租赁期限、维修责任等条款。明确合同类型有助于审查人员快速定位到相关法律法规，确保合同条款的合法性和有效性。

3. 熟悉相关法律法规与行业标准

法律法规是国家对社会行为进行规范的基础，合同作为一种法律行为，其内容和形式都必须符合法律的规定。在合同审查过程中，审查人员需要对涉及合同的法律法规进行深入研究，包括《民法典》合同编、《最高人民法院关于适用〈中华人民共和国民法典〉合同编通则若干问题的解释》等。通过了解这些法律的具体规定，审查人员能够判断合同条款是否合法、是否有可能导致法律纠纷，从而在审查阶段就及时纠正不合法的内容，确保合同的法律效力。

行业标准是在特定行业内被普遍接受和遵循的规范和准则。这些标准往往反映了该行业的最佳实践和市场惯例。在合同审查中，了解并遵循行业标准有助于确保合同的合理性和可执行性。例如，在某些行业中，可能存在关于产品质量、交货期限、售后服务等方面的特定要求。审查人员需要熟悉这些行业标准，以便在审查合同时能够判断合同条款是否符合行业惯例，是否能够满足行业内的基本要求。

4. 收集并整理相关资料

资料的收集是审查工作开展的基石。合同往往涉及多方面的信息和细节，包括但不限于交易背景、双方的历史合作情况、市场动态。通过广泛地搜集这些资料，审查人员能够构建起一个全面而详尽的信息框架，这对于深入理解合同条款、评估其合理性与风险点至关重要。

资料的整理则是一个将收集到的原始信息进行系统化、条理化的过程。在这一过程中，审查人员需要运用专业的分析方法和工具，对资料进行分类、筛选和归纳，以便能够更加高效地利用这些信息。通过整理，原本庞杂、无序的资料将被转化为结构清晰、逻辑严密的信息体系，为后续的审查工作提供了极大的便利。

收集并整理相关资料还有助于审查人员发现合同中的潜在问题。在收集和整理资料的过程中，审查人员可能会对合同的某些细节产生疑问或发现不一致之处。这些疑问和发现往往能够引导审查人员深入挖掘合同中的潜在风险和问题，从而及时提出修改或完善建议。值得一提的是，资料的收集和整理工作也需要遵循一定的原则和方法。例如，在收集资料时，应确保信息的真实性和可靠性；在整理资料时，应注重信息的逻辑性和关联性。这些原则和方法的运用能够进一步提高资料收集与整理工作的效率和质量。

5. 制订初步的审查计划

制订初步的审查计划需要对合同的整体结构和关键内容有一个宏观的把握。这要求审查人员熟悉合同的基本框架，包括合同的主体、标的、权利义务、履行方式、违约责任等核心条款。基于这一宏观理解，审查人员可以有针对性地规划出具体的审查步骤和时间安排，确保每一部分内容都得到充分的关注和审查。在制订审查计划时，审查人员还需根据合同的复杂程度和重要性来合理分配审查资源。对于涉及金额巨大、法律关系复杂的合同，应给予更多的审查时间和人力投入，以确保审查的深度和广度。同时，对于合同中可能存在的风险点和争议焦点，审查计划中也应做出特别安排，如邀请专家进行咨询或进行集体讨论等。

制订初步的审查计划还要求审查人员具备一定的前瞻和预见能力。在规划审查步骤时，应预见到可能出现的审查难点和疑问，并提前准备好解决方案或应对策略。这种前瞻性思维有助于审查人员在遇到问题时迅速应对，确保审查工作的顺利进行。此外，审查计划的灵活性和可调整性也是不可忽视的。由于合同审查过程中可能会遇到各种意料之外的情况，因此审查计划应留有一定的余地，以便根据实际情况进行适时调整。这种灵活性有助于确保审查工作的高效性和实效性。

（二）初步审查

初步审查的首要任务是确认合同的基本信息，包括合同双方的名称、签订日期、合同编号等，这些信息是合同身份识别的基础。审查人员需要核对这些信息的准确性和完整性，确保合同的基本框架无误。此外，对合同中所涉及的关键定义和术语进行审查也是必不可少的。这要求审查人员具备扎实的专业知识和敏锐的法律意识，以确保合同中使用的术语和定义符合相关法律法规和行业惯例。

在初步审查中，对合同的结构和条款进行宏观把握是至关重要的。审查人员需要快速浏览合同全文，对合同的整体结构和布局有一个清晰的认识。这有助于审查人员在后续审查中更加高效地定位关键信息和风险点。同时，对合同中的关键条款进行初步评估也是必不可少的。例如，合同中的支付条款、交付条款、违约责任条款等，都是审查人员需要重点关注的内容。这些条款的合理性和合规性直接关系到合同双方的权益保障和合同履行过程中的风险控制。

在初步审查中，审查人员还需要对合同的商业逻辑和交易背景进行一定的了解。这有助于审查人员更好地理解合同条款的设定和合同双方的意图，从而更加准确地评估合同的合理性和可行性。同时，对合同中的商业风险进行初步识别和评估也是非常重要的。这要求审查人员具备敏锐的市场洞察力和风险评估能力，以便能够及时发现并应对合同中可能存在的商业风险。

（三）深入审查

在深入审查阶段，审查人员首先需要对合同的每一条款进行细致入微的解读。这不仅仅是对文字的表面理解，更是对条款背后所蕴含的法律意义和商业逻辑的深入挖掘。例如，对于合同中的付款条款，审查者需要仔细分析付款方式、时间节点以及可能存在的延期付款、提前付款等情形，并评估这些条款在实际操作中的可行性和潜在风险。

除了对单一条款的精细审查，深入审查还要求审查者从全局的角度审视合同的整体逻辑性和内在一致性。这意味着审查者需要关注条款之间的相互关联和影响，以及合同整体是否构成了一个完整、自洽的法律框架。例如，在审查一份资产采购合同时，审查者需要确保合同中关于产品描述、价格、交付方式、验收标准等各个条款之间能够相互衔接，形成一个无懈可击的法律闭环。此外，深入审查还包括对合同中潜在风险的识别和评估。这要求审查者具备敏锐的市场洞察力和丰富的法律实践经验，以便能够准确地识别出合同中可能存在的漏洞、歧义或不利条款，从而及时提出修改建议或风险应对策略。例如，在审查一份国际合作合同时，审查者需要特别注意合同中的法律适用和争议解决条款，以确保在发生纠纷时能够依据有利的法律环境和解决机制来维护自身权益。

（四）审查总结与反馈

审查总结，顾名思义，是对合同审查全过程的概括性评述。它要求审查人员站在一个更高的视角，审视整个合同的架构、内容以及潜在的风险点。在总结过程中，审查人员需要细致地回顾每一个审查步骤，包括但不限于合同的初步筛查、深入剖析以及风险评估，以确保没有任何遗漏或疏忽。这一环节的核心目的在于提炼出合同中的关键问题，为后续的优化和修改提供明确的指导。而反馈，则是将审查总结中的发现和建议，以专业、明确的方式传达给合同的起草者或相关决策者。反馈的内容不仅包括合同中存在的问题和风险，还应包括针对这些问题的具体修改建议和解决方案。这就要求审查人员不仅应具有扎实的法律功底，能够准确识别合同中的问题，还应具有出色的沟通能力和逻辑思维，以便将复杂的问题以简洁明了的方式表述出来。

在审查总结与反馈阶段，审查人员还需特别注意保持客观和中立的态度。虽然审查过程中可能会发现不少问题和风险，但审查人员的任务不仅仅是提出问题，更重要的是提供建设性的解决方案。这就要求审查人员在反馈时，既要明确指出合同中的不足，又要给出具体的改进建议，帮助起草者更好地完善合同。此外，审查总结与反馈还是一个双向交流的过程。审查人员在给出反馈后，还需要与合同的起草者或相关决策者进行深入的沟通和讨论，以确保双方对合同的理解达成一致。这一过程中，审查人员可能需要解答起草者对于审查结果的疑问，也可能需要根据起草者的反馈对审查结果进行适当的调整。值得一提的是，审查总结与反馈环节还承载着一个重要的功能，那就是知识的积累和传承。通过对每一份合同的深入审查和反馈，审查人员可以不断积累经验和知识，提升自己在合同审查领域的专业素养。同时，这些经验和知识还可以通过反馈环节传递给合同的起草者和其他相关人员，从而提升整个团队或组织在合同管理方面的能力。

二、合同审查的关键点

(一) 合同主体的审查

合同主体的审查并非简单的身份验证，而是一个包含法律地位、行为能力、资信状况等多维度的综合考量。从法律地位的角度来看，合同主体必须是合法存在的实体，无论是自然人、法人还是其他组织。这就要求在审查时，务必核实其相关的法律文件，如营业执照、身份证等，以确保其身份的真实性和合法性。行为能力也是审查合同主体时不可忽视的一个方面。对于自然人而言，需要确认其是否具备完全民事行为能力，即能否独立承担民事责任。而对于法人或其他组织，则需要关注其是否具备签订和履行合同所需的资质和权限。这一点在商业合同中尤为重要，因为一旦合同主体不具备相应的行为能力，那么所签订的合同就很可能被认定为无效，从而给双方带来巨大的法律风险。资信状况的审查同样关键。这涉及合同主体的经济实力、商业信誉以及履约历史等多个方面。一个资信状况良好的合同主体，不仅能按时、按质履行合同义务，还能在争议发生时采取更为理性和合作的态度。因此，在审查过程中，需要通过各种渠道收集和核实相关信息，以便对合同主体的资信状况有一个全面而准确的了解。

(二) 合同条款的审查

合同条款的审查，是合同审查过程中的核心环节，直接关系到合同双方的权利义务分配、合同履行的方式及纠纷解决机制。合同条款的详尽与严谨，不仅有助于明确合同各方的预期行为，还能在争议发生时提供明确的解决路径。

在合同条款的审查中，要关注合同的标的和数量条款。这是合同最基本的元素，明确了合同双方交易的对象和规模。标的的描述需要准确、具体，以避免因理解差异导致的履行争议。数量条款同样要精确无误，以确保合同的顺利执行。质量条款和履行方式也是审查的重点。质量条款关系到合同标的的品质标准，是评判合同履行是否符合约定的关键。而履行方式则明确了合同双方应如何具体操作，包括交货时间、地点、方式等，这些都对合同的顺利履行至关重要。此外，违约责任条款的审查同样不容忽视。这一条款规定了当合同一方未能按约履行时应承担的责任，是保障合同有效执行的重要机制。违约责任条款需要明确、具体，既要体现违约的惩罚性，又要考虑实际履行的可行性。

在合同条款的审查中，还需要特别关注争议解决条款。这一条款规定了合同双方在发生争议时应采取的解决方式，包括协商、仲裁或诉讼等。合理的争议解决条款能够大大降低纠纷解决的成本和时间，为合同双方提供有效的法律保障。除了上述关键条款外，合同的变更、解除及终止条款也是审查的重要内容。这些条款规定了合同在特定情况下应如何调整或终止，对于保障合同双方的灵活性和权益具有重要意义。

（三）合同履行方式的审查

合同履行方式的审查，关注的是履行的具体步骤和方法。这包括但不限于交付方式、支付手段、验收标准以及服务提供的形式。每一个细节都需要经过严格的推敲和考量，以确保其在实际操作中的可行性和合规性。例如，在审查交付方式时，要综合考虑物流的可靠性、成本效益以及法律法规的限制，从而选择出既符合双方利益又切实可行的交付方案。此外，履行期限和地点的审查也是关键一环。合理的履行期限设置能够确保合同双方有足够的时间准备和执行合同，避免因时间紧迫而导致的违约风险。同时，履行地点的选择也需要谨慎考虑，以最大限度地减少物流成本、提高效率，并确保双方能够在约定的时间和地点顺利完成交易。

在审查合同履行方式时，还需要特别注意与合同其他条款的协调性和一致性。例如，履行方式应与合同的价格条款、质量标准以及违约责任等相呼应，形成一个完整、自洽的合同体系。任何环节的疏漏或矛盾都可能导致合同履行的障碍和纠纷。除了上述内容，合同履行方式的审查还应关注潜在的风险点。这不仅包括政策调整、价格波动、汇率变动等外部因素，还包括合同双方管理和执行能力等内部因素。通过对这些风险的深入分析和评估，可以提前制定应对策略，以确保合同在各种情况下都能得到稳定、有效的履行。

（四）争议解决方式的审查

争议解决方式的审查要关注的是其合法性与合规性。不同的国家或地区，其法律体系和司法实践可能存在差异。因此，在选择争议解决方式时，必须确保其符合当地的法律法规，避免因选择不当而导致争议解决方式无效或执行困难。效率与成本也是审查争议解决方式时需要重点考虑的因素。每一种争议解决方式，如诉讼、仲裁、调解等，都有其优势和局限性。在选择时，应根据合同的具体情况和双方的实际需求，权衡各种争议解决方式的利弊，选出既高效又经济的解决方式。例如，对于涉及专业技术或商业秘密的争议，仲裁可能因其保密性和专业性而更具优势；而对于需要快速解决且标的额较小的争议，调解可能更为合适。

争议解决方式的审查还应注重其实用性和可操作性。一个设计合理的争议解决方式，应能够在争议发生时为双方提供明确、可行的解决路径。这就要求在审查时，不仅要关注争议解决方式的理论依据，还要结合实际情况，考虑其在实践中的可行性和效果。需要强调的是，争议解决方式的审查并非一劳永逸。随着合同履行的推进和外部环境的变化，原先选择的争议解决方式可能不再适用。因此，合同双方应保持沟通，根据实际情况及时调整争议解决方式，以确保其始终能够满足合同履行的需要。

第三节　高校合同审查的特殊性

一、学术性与教育性合同的审查要点

（一）学术性合同的审查要点

高校合同审查中，学术性合同的审查显得尤为关键，这不仅因为高校本身就是学术研究的殿堂，更因为学术性合同往往涉及知识产权、研究成果归

属、合作研究等多方面的复杂问题。在进行学术性合同审查时，必须深入每一个细节，确保合同的严谨性和合规性，以维护高校的学术利益和声誉。

学术研究中，知识产权的归属和使用是极易引发争议的问题。合同中应清晰明确研究成果、论文发表、专利申请等知识产权的归属，明确双方在合作过程中产生的所有智力成果的权利分配。同时，对于可能涉及的技术转让、许可使用等情形，也应有详尽的约定，避免未来因权属不清而导致法律纠纷。对于合作方的学术背景和实力要进行严格的审查。在学术界，研究者的声誉、研究能力和过往成果都是评价其学术价值的重要依据。因此，在签订学术性合同前，必须对合作方的学术背景进行深入的了解，确保其具备完成合同约定的研究任务的能力。这不仅关系到合同能否顺利履行，更直接影响到研究成果的质量和学术价值。

合同中的保密条款也是审查的重点。学术研究往往涉及前沿的科学技术和未公开的数据资料，这些信息一旦泄露，就可能对高校乃至整个研究团队造成不可估量的损失。因此，学术性合同中必须包含严格的保密条款，明确约定保密信息的范围、保密期限以及违约责任等，以确保研究过程中涉及的敏感信息不被泄露。合同中关于研究进度和成果交付的条款也不容忽视。学术研究往往需要长时间的投入和持续的努力，因此，合同中应明确约定研究计划、进度安排以及成果交付的标准和时间节点。这既有助于确保研究的顺利进行，也能在合作方未能按时交付成果时，为高校提供有力的法律依据。此外，学术性合同的审查还应关注合同解除和争议解决机制。由于学术研究具有不确定性和风险性，合同中应明确约定在何种情况下可以解除合同以及解除合同后的责任承担。同时，对于可能出现的争议，也应提前约定解决方式，如协商、调解、仲裁或诉讼等，以确保在争议发生时能够迅速有效地解决问题。

（二）教育性合同的审查要点

由于教育领域具有其特殊性，教育性合同的审查也显得尤为关键。在进行这类合同审查时，必须充分考虑教育行业的独特性，确保合同的合法性、合规性以及教育目标的实现。

教育性合同审查的首要任务是明确合同的教育目标和宗旨。合同中应清晰阐述双方共同致力于提升教育质量、培养学生全面发展的意图。这一目标的明确不仅为合同的后续执行提供了方向，也是评估合同履行效果的重要标准。在审查过程中，应着重关注合同中关于教育服务内容和标准的约定。这包括教学计划、课程设置、教学方法、师资配备等关键要素。合同应详细列出教育服务的具体项目，以及每项服务应达到的标准和质量要求。这些内容的明确有助于确保教育服务提供者按照约定的内容和标准进行教学，从而保障学生接受高质量的教育。同时，学生权益保护是教育性合同审查中不可忽视的一环。合同应充分体现对学生的尊重和保护，明确学生的基本权益，如受教育权、隐私权、信息安全等。此外，合同还应包含关于退费政策、投诉处理机制以及争议解决方式的明确规定，以确保问题能够得到及时有效的解决。

教育性合同的审查还需特别关注合规性问题。合同内容必须符合国家及地方的教育法律法规和政策要求，尤其是关于学历教育、职业资格认证等方面的具体规定。此外，随着教育改革的不断深入，合同中还应体现对当前教育改革趋势的积极响应，如产教融合、创新创业教育等新型教育模式的探索和实践。另外，教育性合同往往涉及长期合作和持续服务的问题，因此在审查时还应对合同的履行期限、续约条件以及终止条款给予特别关注。这些条款的合理设定能够确保教育服务的稳定性和持续性，同时也为双方在必要时调整或终止合作提供了明确的依据。教育性合同的审查还应注重风险防控。通过对合同履行过程中可能出现的风险进行预判和分析，制定相应的风险应对措施，以降低潜在的法律风险和经济损失。这包括教学质量不达标、学生安全事故、知识产权纠纷等问题的预防和处理。

二、学术与科研活动的复杂性

（一）知识产权归属与保护问题

在高校的运营过程中，学术与科研活动占据了核心地位，这些活动不仅关乎学校的学术声誉，还直接影响着科技创新和社会进步。然而，随着科研合作的不断深化和拓展，与之相关的合同审查也日趋复杂，尤其是在知识产权归属与保护问题上，其复杂性和敏感性更加凸显。

高校合同审查在学术与科研活动中面临的复杂性，主要体现在科研项目的多元化和跨学科性上。当代科研已经不再局限于单一领域，而是经常需要多学科交叉融合。这种跨学科的研究模式虽然能够带来创新的火花，但也给合同审查带来了不小的挑战。审查者不仅需要对各个学科领域有一定的了解，还需要对交叉学科研究中可能出现的知识产权问题进行深入剖析，以确保合同的全面性和严谨性。

在知识产权归属问题上，高校合同审查需要特别关注研究成果的权属划分。由于科研项目往往涉及多方合作，包括高校、研究机构、企业等，各方在合作中的贡献和投入各不相同，因此，在合同中明确各方对研究成果的所有权和使用权就显得尤为重要。这不仅关系到合作各方的切身利益，也是确保科研活动顺利进行和科研成果有效转化的关键。此外，知识产权保护问题也是高校合同审查中的重中之重。随着科学技术的飞速发展，知识产权的侵权行为时有发生，这不仅损害了原创者的合法权益，也阻碍了科研活动的正常进行。因此，在审查合同时，必须确保对知识产权的充分保护。这包括在合同中明确知识产权的保护范围、侵权行为的认定标准以及相应的法律责任等，从而构建起一套完整的知识产权保护体系。

（二）科研成果转化与利益分配机制

高校作为学术与科研的殿堂，其科研活动的复杂性和科研成果转化与利益分配的问题，一直是合同审查中的重点与难点。这不仅关系到高校的学术声誉，更牵涉科研团队的积极性和科研成果的社会价值。高校合同审查需要面对的是学术与科研活动本身的复杂性。随着科学技术的飞速发展，科研项目越来越呈现出跨学科、综合性强的特点。这意味着合同审查者不仅要对某一学科有深入的了解，还要有能力横跨多个学科领域，对项目的整体性、前瞻性和创新性进行全面评估。这种跨学科的复杂性要求审查者具备更高的专业素养和更广阔的视野。

科研成果转化是高校科研活动中的重要环节，也是合同审查的关键点之一。科研成果的转化不仅涉及技术转移、产品开发等实际操作，更与市场需求、商业模式等外部因素紧密相连。因此，在合同审查过程中，需要特别关注科研成果转化的可行性和市场前景。这要求审查者不仅应有扎实的科研背景，还应具备敏锐的市场洞察力和商业分析能力。与此同时，利益分配机制是科研成果转化过程中不可避免的问题。在高校科研合作中，往往涉及多方参与，包括学校、科研团队、企业等。各方在合作中的投入和贡献不同，因此，如何公平、合理地分配科研成果转化所带来的利益，成为合同审查中的一大挑战。审查者需要综合考虑各方的投入、风险承担、技术创新等因素，制定出既能激励科研创新又能保障各方利益的分配方案。

三、学生权益保护的特殊要求

（一）学生合同中的权益保障条款

在高等教育日益普及的今天，学生与高校之间的合同关系越发受到关注。特别是学生合同中的权益保障条款，更是高校合同审查的重中之重。这不仅关系到学生的切身利益，也体现了高校的法治精神和教育责任。高校与学生之间的合同并非一般的商业合同，它承载着教育的特殊使命。因此，在学生合同中，权益保障条款的设计应充分体现教育的公平性和学生的特殊地位。这些条款不仅要遵循合同法的基本原则，还要符合教育法、高等教育法等相关法律法规的特别规定。

学生合同中的权益保障条款首要任务是确保学生的受教育权不受侵犯。这包括但不限于学生选择专业、选修课程、参与实践活动的自由，以及获得公正评价和学术指导的权利。高校在拟定这些条款时，应充分考虑学生的个性化需求和发展方向，避免过于刻板或限制性的规定。学生合同应明确学生在校园安全、健康保障方面的权益。其包括提供安全的校园环境、必要的医疗保障措施，以及在紧急情况下的及时救援等。这些条款的制定，旨在确保学生在校期间的人身安全和心理健康，是高校履行教育职责的重要组成部分。

学生合同中的权益保障条款还应涉及学生的信息保护和隐私权。随着信息技术的快速发展，学生的个人信息保护显得尤为重要。高校应在合同中明确承诺对学生的个人信息进行严格保密，并采取措施防止信息泄露和滥用。同时，高校在处理学生个人信息时，应遵循合法、正当、必要的原则，确保学生的隐私权不受侵犯。值得一提的是，学生合同中的权益保障条款还应关注学生的经济权益。其包括学费、住宿费等费用的明确说明，以及退费政策、奖学金、助学金等经济支持的相关规定。这些条款的制定，旨在确保学生经济权益的透明性和公平性，避免因费用问题而引发纠纷和误解。除了上述几个方面，学生合同中的权益保障条款还应具有前瞻性和灵活性，以适应教育领域的不断变革和学生需求的多样化。例如，随着在线教育的兴起，高校可能需要在合同中增加关于在线学习资源、技术支持等方面的权益保障条款。

（二）学生实习、就业合同的合规性审查

在学生实习和就业过程中，合同的合规性审查是保障学生权益的重要措施。这要求高校、企业和学生三方共同努力，确保合同的合法性和有效性。

首先，高校应加强对实习和就业合同的审查。在合同签订前，高校应对合同内容进行全面审查，确保合同内容符合法律法规和政策要求。同时，还应关注合同中关于学生权益的条款，确保学生的合法权益得到充分保障。其次，企业也应加强对实习和就业合同的审查。作为合同的另一方当事人，企业应遵守相关法律法规和政策要求，确保合同的合法性和有效性。同时，企业还应关注合同中关于学生权益的条款，尊重和保护学生的合法权益。最后，学生也应增强自我保护意识。在签订实习和就业合同时，学生应认真阅读合同条款，了解自己的权利和义务。对于不明确或存在疑问的条款，应及时向高校或企业咨询。同时，学生还应保留好合同原件和相关证据材料，以便在发生纠纷时维护自己的合法权益。

四、校园建设与后勤服务合同的特殊性

(一) 校园建设合同的特殊性

高校合同审查，尤其是针对校园建设合同的审查，具有其不容忽视的特殊性。这种特殊性源于高校的独特地位、功能需求以及建设项目的复杂性和长期性。

高校作为教育和科研的圣地，其建设项目往往承载着教育使命和长远规划。因此，在审查校园建设合同时，不能仅仅从商业角度出发，更要考虑到教育和科研的长远发展。这意味着校园建设合同不仅要满足基本的工程建设要求，还需确保项目的可持续性，能够与高校的整体发展战略相契合。与此同时，校园建设合同的复杂性也是其特殊性的重要体现。这种复杂性不仅体现在工程技术的专业性和高标准上，更在于项目所涉及的多方利益相关者之间的协调与平衡。高校、设计方、施工方、供应商等各方在合同中都有各自的权利与义务。如何确保各方的利益得到妥善保护，同时又能高效推进项目的实施，是合同审查中需要重点关注的问题。此外，校园建设合同还具有显著的长期性特征。高校的建设项目往往不是一蹴而就的，而是需要经历规划、设计、施工、验收等多个阶段，历时数年甚至更久。这就要求合同必须具备足够的灵活性和前瞻性，以应对项目实施过程中可能出现的各种变化和挑战。合同审查时，必须对未来可能出现的情况进行充分预判，并在合同中制定相应的应对措施。

在校园建设合同的审查中，还需要特别注意法律法规的遵循和风险控制。高校作为公共机构，其合同行为受到严格的法律监管。因此，在审查合同时，必须确保所有条款都符合国家法律法规的要求，避免因合同违法而给高校带来不必要的法律风险。同时，还需要对项目中可能存在的风险点进行全面评估，并在合同中制定相应的风险控制条款，以降低项目实施过程中的不确定性。值得一提的是，高校校园建设合同的特殊性还体现在其对社会责任和公共利益的重视上。高校作为社会的重要组成部分，其建设项目往往涉及对社区、环境等多方面的影响。因此，在审查合同时，必须充分考虑项目的社会效益和环境影响，确保项目的实施能够符合社会的期望和要求。

（二）后勤服务合同的特殊性

后勤服务合同的特殊性体现在其服务对象的特定性上。高校师生作为后勤服务的主要对象，需求具有多样性和个性化特点。例如，学生对于宿舍的舒适度、食堂的菜品口味等有着较高的期待，而教职工则可能更关注办公环境的安静与便利。这就要求后勤服务合同在制定时，必须充分考虑并满足不同群体的特殊需求。后勤服务合同的履行具有长期性和稳定性。高校后勤服务通常是持续不断的，这就要求服务提供商具备持续提供高质量服务的能力。合同中必须明确服务标准、质量监控机制以及违约责任等条款，以确保服务的连续性和稳定性。此外，由于高校后勤服务涉及众多人员和设备，安全管理也是合同履行中的重要环节，合同中应包含详细的安全管理计划和应急预案。

后勤服务合同的审查还需特别关注成本控制和预算管理。高校作为非营利性机构，在后勤服务方面的投入需要精打细算。因此，合同中应明确服务费用的计算方式、支付周期以及调整机制，以避免成本超出预算。同时，合同还应包含激励机制，以鼓励服务提供商通过创新管理、提高效率来降低成本。此外，后勤服务合同的特殊性还体现在其对法律法规和校园规章制度的遵守上。高校作为教育机构，其运营管理受到国家法律法规和校园规章制度的严格约束。后勤服务合同在签订和履行过程中，必须严格遵守相关法律法规，如劳动法、食品安全法、消防安全法等，并遵循高校的内部管理规定。这就要求合同审查人员具备扎实的法律知识和丰富的实践经验，以确保合同的合法性和合规性。后勤服务合同的特殊性也体现在其对环境保护和可持续发展的关注上。随着社会对环境保护意识的提高，高校后勤服务也越来越重视绿色、环保的理念。合同中应明确服务提供商在节能减排、资源循环利用等方面的责任和义务，以推动高校后勤服务向更加环保、可持续的方向发展。

第三章　高校合同法律风险管理框架

第一节　法律风险识别与评估

一、高校合同法律风险识别

（一）合同订立过程中的法律风险

1. 合同主体不适格的风险

在高校运营与管理过程中，合同订立是日常行政、教学、科研以及后勤服务等多个领域不可或缺的环节。然而，在订立合同时，若合同主体不适格，即合同当事人不具备相应的法律资格或行为能力，将会引发一系列法律风险。

合同主体不适格可能导致合同的无效或被撤销。在法律上，合同的有效性要求合同当事人必须具备相应的民事行为能力。若高校在与不具备完全民事行为能力的个人或组织签订合同，如未成年学生或未经合法注册的团体，那么该合同很可能因主体不适格而被视为无效。这不仅会影响高校的正常运营，还可能引发经济纠纷和法律责任。主体不适格还可能带来履约风险。当合同的一方或双方主体不适格时，其履行合同的能力自然会受到质疑。例如，若高校与一家未取得相关资质或经营许可的企业签订服务合同，该企业可能因无法提供合同约定的服务而导致违约。这不仅会打乱高校的教学和管理计划，还可能给高校带来经济损失和声誉损害。

从法律责任的角度来看，合同主体不适格也会增加高校的法律风险。在合同履行过程中，若因主体不适格导致合同无效或引发纠纷，高校可能需要承担相应的法律责任。这包括赔偿对方损失、支付违约金以及承担因纠纷产生的诉讼费、律师费等额外费用。这些法律责任不仅会给高校带来经济负担，还可能影响其社会声誉和学术地位。此外，合同主体不适格还可能影响合同的执行效率和稳定性。当合同的一方或双方主体不适格时，双方在合同履行过程中可能会因为能力、资质等问题产生分歧和争议。这不仅会耗费双方大量的时间和精力去处理纠纷，还可能导致合同关系的不稳定甚至破裂。

2. 合同条款不明确或模糊性的风险

合同条款的不明确或模糊性可能导致双方对合同内容的理解产生分歧。由于合同是双方共同遵守的法律文件，其条款应当清晰、准确地界定双方的权利和义务。如果条款表述含糊，双方可能对同一条款产生不同的解读，从而引发争议和冲突。这种分歧不仅会影响合同的正常履行，还可能导致双方关系紧张，甚至诉诸法律。

不明确的合同条款可能增加高校的履约风险。在合同履行过程中，如果某些关键条款如服务范围、质量标准、交付时间等未得到明确界定，那么高校在履行合同时可能会面临诸多不确定性。这种不确定性可能导致高校无法准确判断对方的履约情况，也无法及时采取有效的应对措施，从而增加了高校的履约难度和风险。模糊的合同条款还可能为合同一方创造逃避责任的机会。在某些情况下，如果合同条款过于笼统或含糊，一方可能会利用这一漏洞来规避其应承担的责任。例如，在出现争议时，一方可能会以合同条款不明确为由，拒绝承担相应的违约责任。这不仅会损害高校的合法权益，也会破坏合同的公平性和诚信原则。

3. 合同形式不合规的风险

从法律效力层面来看，合同形式的合规性直接关系到合同是否具备法律效力。在我国法律体系中，对于某些特定类型的合同，如不动产买卖、技术转让等，法律明确规定了必须采取书面形式。若高校在签订这类合同时未遵循书面形式要求，那么该合同可能因形式不合规而被视为无效，从而无法受到法律的保护。进一步地，合同形式不合规还可能影响证据效力。在合同纠纷中，合同文本是法院判断双方权利义务关系的重要依据。若合同形式不合规，如缺乏必要的签名、盖章或见证等程序，那么在诉讼中，该合同可能无法作为有效证据使用，从而增加了高校的举证难度和败诉风险。

合同形式不合规还可能引发内部管理风险。高校作为事业单位，其合同管理应遵循严格的内部审批和监管程序。若合同形式不规范，可能导致内部管理混乱，增加腐败和违规操作的风险。例如，口头协议或简单的电子邮件确认可能无法全面反映双方的真实意图，也容易被篡改或误解，从而给高校带来不必要的损失。同时，还需要注意到，合同形式不合规可能对高校的声誉和信誉造成负面影响。一旦因合同形式问题而卷入法律纠纷，不仅会影响高校的正常运营和教学秩序，还可能损害其在社会上的形象和声誉。这种无形资产的损失对于高校来说同样是不可忽视的。

（二）合同履行过程中的法律风险

1. 履约不能或拒不履行的风险

在高校合同履行过程中，履约不能或拒不履行的风险是一个需要高度关注的问题。这种风险不仅可能影响合同目的的实现，还可能给高校带来经济损失和声誉损害。

履约不能的风险主要源于各种不可预见或不可避免的情况，如自然灾害、政策变化、技术难题等。这些情况可能导致合同的一方或双方无法按照约定的时间和质量完成合同义务。对于高校而言，如果合作方因上述原因无法履行合同，可能会影响教学、科研或后勤服务的正常进行。例如，供应商因不可抗力无法按时提供必要的实验设备，导致了科研项目延期或失败。

拒不履行的风险则更多地与合同当事人的主观意愿和行为有关。在合同履行过程中，如果一方无故拒绝履行合同义务，将构成违约行为。对于高校而言，这种风险可能源于合作方的不诚信或经营策略的变化。例如，某些服务提供商可能在签订合同后，因市场行情变化或自身经营状况不佳而拒绝继续提供服务。这种行为不仅违反了合同约定，还可能给高校带来严重的运营困扰。

这两种风险对高校的影响是多方面的，可能导致高校无法按计划推进教学、科研或管理工作，从而影响整体运营效率和效果。高校可能需要花费额外的时间和资源来寻找替代方案或解决纠纷，增加了运营成本和不确定性。如果因履约不能或拒不履行导致合同目的无法实现，高校还可能面临经济损失和声誉损害的风险。

2. 履行瑕疵与违约责任的风险

履行瑕疵的风险，主要指的是合同当事人在履行合同义务时，未能按照约定的质量、数量、方式等标准来完成。在高校合同中，这可能表现为服务质量不达标、商品存在缺陷、工程项目未按设计要求完成等。履行瑕疵不仅会影响高校的正常教学和科研活动，还可能对学生的安全和健康构成威胁。例如，高校采购的实验设备存在质量问题，不仅会影响科研实验的准确性和效率，甚至可能引发实验事故，对师生的生命安全造成危害。

履行瑕疵往往与违约责任紧密相连。当合同一方存在履行瑕疵时，就构成了违约行为，需要承担相应的违约责任。违约责任可能包括赔偿损失、支付违约金、继续履行等。对于高校而言，如果合作方因履行瑕疵而违约，高校不仅需要花费时间和精力去处理纠纷，还可能因此遭受经济损失。更为严重的是，如果高校未能及时发现并处理履行瑕疵问题，还可能因此承担连带责任，进一步加大法律风险。此外，需要注意的是，履行瑕疵与违约责任的风险并不仅仅存在于合作方身上。高校自身在履行合同过程中也可能出现这些问题。例如，高校在提供教育服务时，如果未能按照招生简章或合同中的承诺来配置师资力量、提供教学设施等，就可能构成履行瑕疵和违约行为。这不仅会损害学生的权益，还可能引发社会舆论，对高校的声誉和长期发展造成不利影响。

3. 合同变更与解除的风险

在高校合同履行过程中，合同变更与解除是两个重要的环节，但同时也伴随着相应的法律风险。合同变更指的是在合同履行期间，经双方协商一致，对原合同内容进行修改或补充。而合同解除则是指在合同履行过程中，因特定原因导致合同无法继续履行，双方通过协商或法定程序终止合同关系。然而，这两个环节都存在潜在的法律风险，对高校权益产生重大影响。

合同变更的风险主要体现在变更内容的合法性和有效性上。若变更内容违反法律法规或公序良俗，将导致变更无效，甚至可能引发法律纠纷。此外，如果变更未经双方充分协商或未以书面形式明确，可能引发对变更内容的理解分歧，进而影响合同的顺利履行。对于高校而言，合同变更可能涉及教学、科研、资产采购、后勤服务等多个领域，因此必须谨慎处理，确保变更内容的合法性和明确性。

合同解除的风险同样不容忽视。在合同履行过程中，若出现不可抗力、对方根本违约等情形，高校可能有权解除合同。然而，合同解除的条件、程序和后果等都需要依法进行，否则可能引发不必要的法律争议。例如，高校在解除合同时必须遵循法定程序，通知对方并说明解除理由，否则可能被视为无效解除。同时，合同解除后双方的权利义务关系如何调整、已履行的部分如何结算等问题也需要妥善处理，以避免后续纠纷。

（三）合同管理与监督的法律风险

1. 合同档案管理不善的风险

合同档案管理不善可能导致重要法律文件的遗失。每一份合同都是高校与外部实体之间法律关系的明确记录，是双方权利和义务的基石。若这些合同文件因管理不当而丢失，高校在面临纠纷时将难以提供确凿的证据来支持自己的主张，从而陷入不利的法律地位。不完善的档案管理还可能影响合同履行的连续性和稳定性。例如，关于合同变更或续约的关键文件未能妥善保存，高校难以准确追踪和理解与对方的最新约定，进而导致合同履行过程中的误解和冲突。

从信息安全的角度来看，合同档案中往往包含敏感信息和商业机密。如果档案管理存在漏洞，这些信息有可能被未经授权的人员获取，从而引发知识产权纠纷或商业机密泄露的风险。这不仅会损害高校的利益，还可能对其合作伙伴和关联方造成不良影响。此外，随着信息技术的快速发展，电子合同的应用越来越广泛。然而，电子合同档案管理也带来了新的挑战，如数据安全问题、电子签名的有效性等。如果高校未能跟上这一趋势，建立完善的电子合同档案管理系统，将面临更大的法律风险。

2. 合同履行监督不到位的风险

合同履行监督不到位可能导致合同违约风险的增加。由于缺乏有效的监督机制，合作方可能会趁机钻空子，不按照合同约定的内容、质量或时间节点来履行义务。这种违约行为不仅会影响高校正常的教学、科研或管理工作，还可能给高校带来经济损失和声誉损害。监督不到位还可能使得高校难以及时发现和纠正合同履行过程中的问题。在合同履行过程中，难免会出现各种意料之外的情况，如市场环境的变化、政策调整等。若高校未能通过有效的监督及时发现这些问题，并采取相应的应对措施，将会导致合同履行受阻，甚至可能引发更大的法律风险。

合同履行监督不到位还可能使得高校在与合作方的博弈中处于不利地位。在缺乏有效监督的情况下，合作方可能会利用信息不对称等优势，损害高校的利益。而高校由于监督不力，以致难以及时揭露和制止这种行为，从而在合作中遭受损失。此外，监督不到位还可能影响高校内部管理的效率和规范性。合同履行监督是高校内部控制体系的重要组成部分。若监督不到位，将可能引发内部管理混乱、资源浪费等问题，进而影响高校的整体运营效率和形象。

二、高校合同法律风险评估

（一）风险评估方法与流程

1. 定量分析与定性分析相结合

在高校合同管理领域，风险评估是一个至关重要的环节，它涉及对潜在风险因素的识别、分析和评价。为了更全面地评估合同风险，采用定量分析与定性分析相结合的方法显得尤为重要。

定量分析主要依赖于数据和数学模型，通过收集历史数据、市场数据等，运用统计分析和概率论的方法，对合同风险进行量化评估。例如，利用历史违约数据来预测未来合作方的违约概率，或者通过成本效益分析来评估合同履行过程中可能出现的经济损失。这种方法能够提供客观、精确的风险评估结果，有助于高校制定具体的风险控制措施。然而，定量分析并非是万能的，它无法涵盖所有风险，特别是那些难以量化的风险，如政策变化、法律环境变动等。这就需要定性分析来补充。定性分析主要依赖于专家的经验和判断，通过访谈、问卷调查、德尔菲法等方式，对合同风险进行主观评估。例如，邀请法律专家、行业专家等对合同条款的合法性、合规性以及潜在的法律纠纷进行评估。

将定量分析与定性分析相结合，可以充分发挥两者的优势，提高风险评估的全面性和准确性。具体来说，首先，高校可以先通过定量分析对合同风险进行初步筛选和排序，确定哪些风险是需要重点关注的；其次，通过定性分析对这些重点风险进行深入剖析，明确其性质、来源和可能造成的损失；最后，综合定量和定性的评估结果，制定针对性的风险控制策略和应急预案。

2. 风险评估流程设计

在高校合同管理体系中，风险评估流程的设计是保障合同安全、预防法律风险的关键环节。一个完善的风险评估流程能够系统地识别、分析和评价合同中的潜在风险，从而为高校决策层提供科学依据，确保合同的顺利履行和高校的合法权益。

风险评估流程的设计：首先，合同的初步审查。这一步骤主要是对合同的基本条款进行概览，初步判断合同是否符合法律法规、是否与学校利益相符。通过初步审查，可以筛选出明显不合理或存在潜在风险的合同，为后续深入分析奠定基础。其次，风险识别阶段。这一阶段需要细致地梳理合同中的每一项条款，包括合作方的资质、合同履行期限、质量标准、违约责任等。风险识别要求评估人员具备丰富的法律知识和实践经验，以便准确发现可能隐藏在复杂条款背后的风险点。再次，风险分析环节。在这一环节，需要对识别出的风险点进行深入的剖析，评估其发生的概率以及发生后可能造成的损失。风险分析可以采用定量与定性相结合的方法，通过数据模型和专家判断来确保分析结果的客观性和准确性。最后，风险评价与控制建议的提出。在综合风险识别与分析的结果后，需要对合同的整体风险水平进行评价，并根据风险的性质和影响程度，提出具体可行的风险控制建议。这些建议包括修改合同条款、增加担保措施、设立风险准备金等，旨在将合同风险降至最低，实现高校的利益最大化。

（二）风险评估指标体系的构建

1. 风险指标的选取与权重分配

高校合同风险评估指标体系的构建是一个复杂而精细的过程，其中风险指标的选取与权重分配是两个核心步骤，对于确保评估体系的科学性、客观性和准确性至关重要。

在风险指标的选取上，必须遵循全面性、针对性和可操作性的原则。全面性意味着所选指标需要能够涵盖高校合同管理中的各类风险，包括法律风险、履约风险、合作方信用风险等。针对性则要求指标能够具体反映高校合同的特定风险点，如合同条款的合规性、合同履行的可行性等。

权重分配是构建评估指标体系的另一关键环节。合理的权重分配能够确保评估结果更加贴近实际情况，提升评估的精准度。在进行权重分配时，需要综合考虑多个因素，包括风险指标的重要性、发生概率以及可能造成的损失等。例如，对于高校而言，合同条款的合规性和合作方的信用状况可能被视为较为重要的风险点，因此在权重分配时应给予更大的比重。

2. 风险评估标准的制定

在制定高校合同风险评估标准时，首先，明确评估的目标和范围。这是为了确保评估工作有的放矢，能够针对高校合同管理的特点和需求进行精准评估。其次，根据评估目标来确定具体的评估指标。这些指标应该能够全面反映合同风险的各个方面，包括合同主体的信用状况、合同条款的合法性与合规性、合同履行的可行性等。最后，制定具体的评估标准。这里可以参考风险评估的通用原则，比如将风险划分为高、中、低三个等级，并为每个等级设定明确的标准。例如，高风险可以定义为那些发生概率高且一旦发生就可能对高校造成重大损失的风险；低风险则是指发生概率低且即使发生也不会对高校造成太大影响的风险。

此外，还需要为每个评估指标设定具体的评估方法和标准。例如，对于合同主体的信用状况，可以通过查询其历史履约记录、信用评级等信息来进行评估；对于合同条款的合法性与合规性，可以邀请法律专家进行审查，并根据审查结果来评定风险等级。为了确保评估标准的实用性和可操作性，还需要对评估流程进行明确和规范。这包括确定评估的步骤、方法，以及参与评估的人员及其职责等。只有这样，才能确保评估工作的有序进行，以及评估结果的客观性和准确性。

（三）风险评估结果的应用与反馈

1. 风险评估报告的编制与解读

高校合同风险评估结果的应用与反馈过程中，风险评估报告的编制与解读环节占据着举足轻重的地位。这一环节不仅是对风险评估工作的总结，更是高校决策层进行风险应对和合同管理的重要依据。

在编制风险评估报告时，要确保报告的全面性和准确性。报告应详细列举评估过程中发现的所有风险点，对每个风险点的性质、发生概率、可能造成的损失以及风险等级进行深入剖析。同时，报告还应结合高校合同管理的实际情况，对风险点的可能来源、发展趋势和潜在影响进行综合分析，从而为高校提供全面的风险画像。除了全面性，风险评估报告的解读性也至关重要。报告应采用清晰、简洁的语言描述风险状况，避免使用过于专业或晦涩的术语，以确保高校管理层能够准确理解评估结果。同时，报告还应提供针对性的风险应对策略和建议，帮助高校制定有效的风险管理措施。

在风险评估报告的应用方面，高校应将其作为合同管理和风险控制的重要参考。通过深入分析报告中的风险点和应对策略，高校可以及时调整合同管理流程，加强风险防范，降低潜在损失。此外，高校还可以将风险评估报告作为与合作方沟通的基础，明确双方的风险责任和防范措施，确保合同的顺利履行。风险评估报告的反馈机制也是不可或缺的。高校应定期对风险评估报告的实施效果进行评估和反馈，及时发现并纠正存在的问题。同时，随着高校合同管理环境和风险评估实践的变化，风险评估报告也需要进行相应的更新和完善，以确保其始终与高校的合同管理需求保持同步。

2. 风险评估结果对合同管理的指导意义

风险评估结果有助于高校优化合同管理流程。通过深入分析评估报告中的风险点和潜在隐患，高校可以有针对性地调整和完善合同管理流程，以确保合同的签订、履行和终止等各个环节都能够符合法律法规和高校内部规定，从而有效降低合同风险。风险评估结果能够指导高校加强风险防范措施。针对评估中识别出的高风险点和易发问题，高校可以制定更加具体和有效的风险防范策略，包括加强合作方的资信调查、完善合同条款的审核机制、设立风险准备金等。这些措施的实施，能够显著提升高校应对合同风险的能力，保障高校的合法权益。风险评估结果还为高校合同管理决策提供科学依据。在制定合同管理政策、选择合作方以及确定合同条款等关键决策时，高校可以依据风险评估结果来进行权衡和选择，以确保决策的科学性和合理性。这不仅有助于提高高校合同管理的效率和效果，还能够为高校的长远发展奠定坚实基础。

第二节　风险应对策略与措施

一、合同法律风险的预防策略

（一）建立健全合同管理制度

高校在日常运营过程中，不可避免地会涉及各类合同的签订与执行，如科研合作、设备采购、基建工程、劳务外包等。这些合同不仅关系到高校的经济利益，更直接影响到学校的教学、科研等核心活动。因此，建立健全的合同管理制度显得尤为重要。一个完善的合同管理制度能够明确合同的审批、签署、执行与监督等各个环节的职责与流程。通过制度化的管理，可以确保合同的合法性和合规性，避免出现因合同条款不清晰或违反法律法规而导致的纠纷。

合同管理制度的建立有助于提升高校合同管理的专业性。这包括合同文本的规范性、合同条款的法律审查以及合同履行过程的监控等。通过专业化的管理，可以降低因合同表述不严谨或遗漏关键条款而引发的风险。从风险防控的角度来看，合同管理制度的完善也是高校内部控制体系的重要组成部分。通过对合同管理流程的梳理和优化，可以及时发现并规避潜在的法律风险，从而保障高校的合法权益。此外，建立健全的合同管理制度还能促进高校内部的协同与沟通。合同的签订和执行往往涉及多个部门和人员的协作，一个明确的制度框架有助于各部门之间的顺畅沟通和高效配合，确保合同的顺利履行。

（二） 加强合同管理人员的法律培训

在高校的合同管理过程中，管理人员的法律素养直接关系到合同法律风险的防控效果。由于高校合同涉及的法律问题复杂多变，管理人员必须具备扎实的法律基础知识和较高的法律意识，才能有效识别、评估和规避潜在的法律风险。

加强合同管理人员的法律培训，首要目的是提升其法律意识和法律素养。通过系统的法律课程学习，管理人员能够更深入地理解合同法的原则、规则以及实践操作中的关键点，从而在合同管理工作中更加得心应手。这种培训不仅涵盖合同法的基本理论，还包括合同审查、谈判技巧、风险识别与防范等实务操作内容。此外，法律培训还能帮助合同管理人员更好地理解和运用与高校运营密切相关的其他法律法规，如教育法、知识产权法等。这种跨领域的法律知识融合，有助于管理人员在复杂多变的法律环境中做出更明智的决策。从风险防控的角度来看，加强法律培训能够显著提高合同管理人员对法律风险的敏感度和应对能力。通过培训，管理人员能够更准确地识别合同条款中的潜在风险，及时采取措施进行防范和化解，从而有效降低高校因合同管理不善而引发的法律风险。

（三）定期进行合同法律风险评估

高校合同法律风险的预防策略中，定期进行合同法律风险评估是一项关键性的管理活动。这一策略的核心在于通过系统性、定期性的评估，对高校所签订和执行的合同进行全面的法律风险识别与分析，从而确保合同的合规性并预防潜在的法律纠纷。合同法律风险评估是一个持续的过程，它包括对合同条款的细致审查、对合同执行过程中可能遇到的法律问题的预判，以及对高校合同管理流程的全面检视。通过这一过程，高校能够及时发现并规避合同中可能存在的法律风险，比如模糊不清的权责条款、可能引发争议的履行方式等。

定期进行合同法律风险评估的意义在于，它允许高校在合同履行前或履行过程中，对潜在的法律风险进行主动的识别和管理。这种前瞻性的做法不仅有助于高校规避未来可能发生的法律纠纷，还能提升高校合同管理的整体效率和效果。此外，定期的合同法律风险评估也是高校完善内部控制体系的重要组成部分。通过对合同的持续监控和风险评估，高校能够确保其合同管理流程的合规性和有效性，进而保障自身的合法权益。

二、合同签订阶段的法律风险应对

（一）严格审查合作方的资信与履约能力

在高校合同签订阶段，严格审查合作方的资信与履约能力是至关重要的法律风险应对措施。资信审查主要是对合作方的经营资格、资质证书、经营许可等进行核实，以确保其具有合法的经营资格和履约能力。而履约能力的评估则包括对合作方的财务状况、技术水平、生产能力以及以往履约记录的综合考量。

通过深入的市场调研和详尽的资质审查，高校能够更为准确地评估合作方的真实实力与信誉状况，从而避免因合作方资质不符或履约能力不足而引发的合同履行风险。这种严格的审查机制不仅有助于高校筛选出更为可靠的合作伙伴，还能在合同签订前及时发现并规避潜在的法律风险。

从法律风险防范的角度来看，资信与履约能力的审查是合同签订前的必要程序，也是高校自我保护的重要手段。通过这一环节，高校能够确保所选择的合作方具备履行合同所必需的条件和实力，进而降低因合作方原因导致的合同履行障碍或纠纷发生的概率。此外，严格的审查过程还能促使高校在合同签订前对合作方进行深入的了解，这有助于高校在后续的合同履行过程中更好地与合作方进行沟通与协作，确保合同的顺利执行。

（二）明确合同条款，避免模糊不清的表述

在高校合同签订阶段，明确合同条款并避免模糊不清的表述，是法律风险应对的关键策略之一。合同作为双方权利义务的载体，其条款的清晰性和明确性对于预防未来纠纷具有至关重要的意义。

明确的合同条款有助于双方对合同内容形成统一的理解。当合同中的各项条款，如服务范围、质量标准、交付时间、费用及支付方式等都得到清晰界定时，合同双方就能基于这些明确的约定来履行各自的责任和义务，减少因理解差异导致的执行偏差。避免模糊不清的表述有助于降低法律风险。模糊的语言往往给合同的解释和执行留下过大的空间，容易引发双方对合同意图的争议。通过精确、无歧义的语言来阐述合同条款，可以最大限度地降低合同执行过程中的不确定性，从而保障高校的合法权益。

明确的合同条款也是合同有效执行和纠纷解决的重要依据。在合同履行过程中，若出现争议或违约情况，清晰明确的合同条款将作为判断双方责任的重要依据，有助于迅速定分止争，减少纠纷解决的成本和时间。此外，从合同法的角度来看，明确的合同条款更符合法律对合同形式和内容的要求。根据合同法的规定，合同应当明确双方的权利和义务，以确保合同的合法性和有效性。因此，通过明确合同条款，高校不仅能够降低法律风险，还能更

好地保障合同的法律效力。

（三）合理利用法律专家进行合同审查

在高校合同签订阶段，合理利用法律专家进行合同审查，是降低法律风险、确保合同合法性和合规性的重要举措。法律专家具备深厚的法律专业知识和丰富的实践经验，能够针对合同条款进行细致的法律分析，从而帮助高校发现并纠正潜在的法律问题。

法律专家在合同审查中能够精准识别法律风险点，通过对合同条款进行逐一核查，能够迅速发现其中可能存在的歧义、漏洞或不合规之处。这种专业的审查有助于高校在合同签订前及时修正问题，避免未来因合同条款不明确或违法而导致法律纠纷。法律专家还能为高校提供有针对性的法律建议，根据合同的性质、目的以及双方的具体情况，为高校量身定制合法的、有利于保护自身权益的合同条款。这些建议不仅有助于高校规避法律风险，还能在一定程度上优化合同管理流程，提高工作效率。

通过法律专家的审查，高校还能更好地了解合同履行过程中可能遇到的法律问题，并提前制定相应的应对策略。这种前瞻性的做法有助于高校在合同履行过程中更加从容地应对各种法律挑战，确保自身权益不受损害。从更宏观的角度来看，合理利用法律专家进行合同审查也是高校提升法治化水平、加强内部管理的重要举措。通过引入外部法律专家，高校能够不断完善自身的法律风险防范体系，提高依法治校的能力。

三、合同履行阶段的法律风险应对

（一）监控合同履行过程，确保双方按约履行

在高校合同履行阶段，监控合同履行过程并确保双方按约履行是至关重要的法律风险应对策略。合同履行是合同目的实现的关键环节，而有效的监控机制能够保障合同按照既定条款得到忠实执行，从而规避因违约行为而引发的法律风险。

合同履行过程的监控有助于及时发现和解决履行中的问题。高校通过定期检查和评估合同的执行情况，能够迅速捕捉到任何偏离合同约定的情况，如延期交付、质量问题等。这种实时的监控机制使高校能够在第一时间采取措施，要求对方及时纠正违约行为，从而确保合同回归正常的履行轨道。监控合同履行过程也是高校维护自身权益的重要手段。在合同履行过程中，若对方出现违约行为，高校可以依据监控结果采取相应的法律手段，如发出违约通知、要求损害赔偿等，以保护自身的合法权益不受侵害。

通过对合同履行过程的监控，高校还能收集到宝贵的履约数据，这些数据对于评估合作方的履约能力、信誉状况以及合同条款的合理性都具有重要意义。这些数据可以为高校未来的合同谈判和签订提供有力的信息支持，帮助高校制定更为精准和有效的合同履行策略。从法律风险管理的角度来看，合同履行过程的监控是一种主动的风险防控手段。它不仅能够帮助高校及时发现和解决合同履行中的问题，还能为高校提供有力的证据支持，以应对可能发生的法律纠纷。

（二）建立合同变更与解除的规范流程

在高校合同履行阶段，建立合同变更与解除的规范流程是应对法律风险的重要策略。合同履行过程中，由于各种因素的影响，可能需要对合同进行调整或终止，此时规范的流程就显得尤为重要。

建立合同变更的规范流程能够确保双方在变更内容时遵循明确的步骤和原则。这包括变更需求的提出、审批、协商以及最终确认等环节。通过规范化的流程，可以确保合同变更的合法性、合规性，避免因变更不当而引发的法律风险。同时，规范的变更流程还能保障双方权益的平等性，防止一方利用变更谋取不正当利益。

规范的合同解除流程对于高校同样至关重要。在合同履行过程中，若出现需要解除合同的情况，如对方严重违约、不可抗力等，高校需要依据明确的流程来操作。这包括解除条件的判定、通知的发送、解除后的善后处理等。

通过实施规范的解除流程，高校可以确保自身行为的合法性，避免因解除不当而承担法律责任。同时，规范的解除流程还有助于高校及时止损，降低因合同继续履行而可能带来的损失。

从法律风险管理的角度来看，建立合同变更与解除的规范流程是高校完善内部控制、提升风险应对能力的重要举措。通过这些流程的建立和实施，高校能够在合同履行过程中更加灵活地应对各种变化，确保自身权益不受损害。

（三）及时处理合同履行中的纠纷与争议

在高校合同履行阶段，及时处理合同履行中的纠纷与争议是法律风险应对中不可或缺的一环。合同履行过程中，由于各种原因，如合同条款理解差异、履约能力变化或外部环境影响等，可能会引发双方之间的纠纷与争议。若这些纠纷与争议不能得到及时有效的处理，不仅会影响合同的正常履行，还可能导致双方关系恶化，甚至引发法律诉讼。及时处理纠纷与争议有助于维护合同的稳定性和双方的合作关系。通过积极沟通、协商，双方可以就争议问题达成共识，避免矛盾进一步升级。这不仅能够保障合同的顺利履行，还有助于维护高校与合作方的良好关系，为未来的合作奠定基础。

及时处理纠纷与争议能够降低法律风险。在合同履行过程中，任何一方都可能因对方的行为而遭受损失。通过及时处理纠纷与争议，高校可以在问题初现时就采取措施，防止损失进一步扩大。同时，通过法律手段解决争议，还能够确保高校的合法权益得到维护，避免因处理不当而引发更大的法律风险。此外，及时处理纠纷与争议也是高校完善内部管理、提升风险应对能力的体现。高校在合同履行过程中，应建立健全的纠纷处理机制，明确处理流程和责任人，确保在纠纷发生时能够迅速响应并妥善处理。这种前瞻性的管理举措不仅能够提升高校的运营效率，还能够为其在复杂多变的法律环境中保持稳健运营提供有力支持。

四、合同法律风险的事后处理措施

（一）合同违约责任的追究与维权

在高校合同管理过程中，合同违约责任的追究与维权作为法律风险的事后处理措施，具有极其重要的法律意义和实践价值。当合同的一方未能按照约定履行合同义务时，就会触发违约责任的追究程序，这是保护高校合法权益、维护合同法律效力的必要手段。

合同违约责任的追究是合同法原则的具体体现。根据合同法的相关规定，当事人应当按照约定全面履行自己的义务，否则将承担相应的法律责任。因此，当高校面临合作方违约的情况时，通过法律途径追究其违约责任，是执行合同约定、维护自身权益的正当行为。违约责任的追究有助于强化合同双方的履约意识。通过对违约行为的法律制裁，可以促使当事人更加重视合同条款的履行，减少违约行为的发生。这不仅有利于维护高校与合作方之间的信任关系，也有助于营造诚实守信的市场环境。

维权行动是高校在合同履行过程中遭受损失时的重要补救措施。当合作方的违约行为给高校造成实际损失时，高校有权依法要求其承担赔偿责任。通过维权行动，高校可以挽回部分或全部损失，从而减轻因对方违约而带来的不利影响。此外，合同违约责任的追究与维权还有助于提升高校的法律风险防范能力。通过对违约案例的分析和总结，高校可以进一步完善合同条款、优化合同管理流程，从而提高自身的法律风险防范水平。

（二）合同纠纷的解决途径与方法

在高校合同管理领域，合同纠纷的解决途径与方法构成了法律风险事后处理措施的关键环节。合同纠纷可能缘于合同条款的模糊性、履约过程中的不确定性或双方对合同解读的差异等。因此，采用合理有效的纠纷解决途径与方法对于维护高校合法权益、保障合同顺利执行至关重要。

协商是解决合同纠纷的首选方法。双方通过友好、平等的沟通，尝试达成共识并妥善解决问题。这种方法不仅成本较低，而且有助于维护双方关系，为后续合作奠定良好基础。在协商过程中，高校应明确自身权益和底线，同时展现出灵活性和合作精神，以促进纠纷的顺利解决。

当协商无法达成一致时，调解是另一条可行的解决途径。调解通常由中立的第三方主持，协助双方找到互利共赢的解决方案。调解的优势在于其灵活性和保密性，能够避免纠纷进一步升级。高校在选择调解机构或调解员时，应注重其专业性和公信力，以确保调解结果的公正性和可执行性。

仲裁作为一种具有法律约束力的纠纷解决方式，也常被用于处理高校合同纠纷。仲裁程序相对简便、快捷，且仲裁裁决具有强制执行力。高校在选择仲裁机构时，应考虑其专业性、效率和公正性。同时，高校应充分准备相关证据和材料，以支持自身主张并争取有利裁决。

诉讼是解决合同纠纷的最后手段。当其他方法无法解决问题时，高校可以选择向法院提起诉讼，通过法律程序来维护自身权益。然而，诉讼过程可能漫长且成本高昂，因此高校在决定是否采取诉讼方式时应谨慎权衡利弊。

（三）从合同纠纷中总结经验教训

在高校合同管理实践中，从合同纠纷中总结经验教训是一项至关重要的法律风险事后处理措施。合同纠纷的发生往往暴露出合同管理过程中的薄弱环节和潜在问题，因此，通过深入剖析纠纷案例，高校可以汲取宝贵的经验教训，进而优化合同管理流程，提升法律风险防范能力。

从合同纠纷中总结经验教训有助于高校完善合同条款。通过分析纠纷产生的原因，高校可以发现合同条款中存在的模糊之处，或是漏洞与缺陷。这些发现为高校提供了宝贵的反馈，使其能够在未来的合同起草和审查过程中更加严谨、细致，从而避免类似纠纷发生。这一措施有助于高校改进合同管理流程。合同纠纷往往暴露出高校在合同管理方面的不足，如审批流程不畅、监督机制缺失等。通过总结经验教训，高校可以识别出这些管理漏洞，并及时采取措施进行改进。这不仅能够提升高校合同管理的效率和规范性，还能在一定程度上预防法律风险的产生。

从合同纠纷中汲取经验教训有助于提升高校的法律意识和应对能力。面对合同纠纷，高校需要运用法律知识来维护自身权益。通过处理纠纷并总结经验，高校可以加深对相关法律法规的理解和应用，提高自身的法律素养。同时，高校还能在应对纠纷的过程中积累实战经验，提升未来处理类似问题的能力和自信心。这一措施对于高校持续改进和提升具有重要意义。合同纠纷作为一种反馈机制，为高校提供了不断学习和进步的机会。通过定期回顾和总结纠纷案例，高校可以不断完善自身的合同管理体系和法律风险防范机制，以适应不断变化的外部环境。

第三节　风险监控与报告机制

一、高校合同法律风险监控机制

（一）风险识别与评估

1. 合同签订前的风险评估

在高校合同管理过程中，合同签订前的风险评估是法律风险识别与评估的关键环节。这一阶段的风险评估对于预防未来可能出现的法律纠纷、保障合同顺利执行具有重要意义。

合同签订前的风险评估，其核心在于对合同各方主体资格、合同内容、履约能力以及潜在的法律风险进行全面而深入的审查。对合同主体的审查至关重要。高校需核实对方当事人的法人资格、经营范围以及资信状况，确保对方具备签订和履行合同的法律地位和实际能力。这一步骤有助于避免因对方主体不适格而引发的合同无效或履行不能等风险。对合同内容的评估同样重要。高校应仔细审查合同条款，确保其合法、合规且明确无歧义。特别是涉及双方权利义务、违约责任、争议解决等关键条款，必须严谨、详尽地作出规定，以防范未来因合同内容不明确而导致的纠纷。

对履约能力的评估也是不可或缺的一环。高校需要充分了解对方的财务状况、技术实力以及过往履约记录，从而判断其是否具备按时、按质履行合同的能力。这一评估有助于高校在合同签订前及时识别潜在风险，并采取相应的风险防范措施。合同签订前的风险评估还应包括对潜在法律风险的预测与应对。高校应结合合同条款、对方情况以及市场环境等因素，分析合同执行过程中可能遇到的法律障碍和挑战，并制定相应的风险应对策略。这一过程有助于提高高校对法律风险的敏感性和应对能力，为合同的顺利执行提供有力保障。

2. 合同履行中的风险监测

在高校合同管理中，合同履行中的风险监测是法律风险识别与评估的重要环节，它涉及对合同执行过程中各种潜在法律风险的持续跟踪与评估。这一阶段的风险监测对于确保合同的顺利履行、预防并及时应对可能出现的法律问题具有至关重要的作用。

合同履行中的风险监测要求对合同条款的履行情况进行实时监控。这包括交货时间、质量标准、支付方式等关键条款的遵守情况。高校需设立专门的监测机制，通过定期的进度检查和不定期的抽查，来确保合同各方均严格按照约定履行义务。一旦发现违约行为或潜在的违约风险，应立即采取相应措施，包括但不限于与对方协商、发送履约提醒或违约警告。风险监测还包括对市场环境、政策法规等外部因素变化的敏感性分析。这些外部因素的变化可能对合同的履行产生重大影响，如原材料价格的波动可能导致履约成本的增加，而相关法规的调整则可能影响合同的合法性和执行方式。因此，高校需要建立一套有效的信息收集和分析系统，以及时捕捉这些外部变化，并评估其对合同履行可能产生的影响。

合同履行中的风险监测还要求高校对自身的履约能力进行持续评估。这包括对自身财务状况、生产能力、技术水平等方面的定期审查，以确保在合同履行过程中不会出现因自身原因导致的违约情况。此外，风险监测的结果应被及时记录和反馈，以便为后续的合同管理和法律风险应对提供决策依据。这包括建立风险监测报告制度、定期向管理层报告合同履行中的风险状况，以及提出相应的风险应对策略和建议。

（二）监控流程与手段

1. 定期检查与专项审查

在高校合同管理实践中，监控法律风险是保障学校权益不受损害的关键环节。其中，定期检查与专项审查作为两种重要的监控手段，对于及时发现和解决合同法律风险具有显著意义。

定期检查是一种常规性的合同法律风险监控方式，它通常按照一定的时间周期进行，如每季度、每半年或每年一次。这种检查方式旨在全面审视高校所有在执行合同的整体风险状况，确保合同的正常履行，并及时发现潜在的法律问题。在定期检查过程中，高校合同管理部门会系统地梳理和评估每一份合同的履行情况，包括合同各方的履约进度、质量标准的达成情况，以及是否存在违约行为等。通过这种方式，高校能够全面掌握合同的执行情况，及时识别并应对可能出现的法律风险。

相较于定期检查，专项审查则更加具有针对性和深入性。它通常针对特定类型的合同、涉及重大利益的合同，或者在合同履行过程中出现特定问题的合同进行。专项审查的目的在于深入剖析特定合同中的法律风险，以及提出具体可行的解决方案。在专项审查中，高校会组织专业的法律团队或邀请外部法律专家，对合同条款、履约情况、争议解决机制等进行详细的法律分析和风险评估。通过专项审查，高校能够更准确地识别合同中的法律风险点，为后续的合同管理和法律风险应对提供有力的决策支持。

2. 信息化监控系统的应用

高校合同管理的信息化监控系统通常包括合同信息管理、风险预警、数据分析与报告等模块。这些模块共同协作，实现合同信息的实时录入、查询、统计和分析，进而帮助高校全面、高效地监控合同法律风险。

通过信息化监控系统，高校可以实时跟踪合同的履行情况，包括合同进度、付款情况等，确保合同按照约定执行。同时，系统还可以对异常情况进行自动预警，以便高校及时采取措施应对。信息化监控系统通过设置风险预警指标和阈值，能够在合同履行过程中自动识别潜在的法律风险。一旦触发预警条件，系统就会立即通知相关人员，以便及时介入和处理。系统可以对大量合同数据进行深度挖掘和分析，帮助高校发现合同执行中的规律性问题，评估各类法律风险的发生概率和影响程度，为高校提供决策支持。信息化监控系统还可以实现合同信息的实时共享，促进高校内部各部门之间的协同合作。这有助于提高工作效率，减少信息沟通成本，同时也有助于及时发现和解决合同履行中的问题。

信息化监控系统能够提高高校合同管理的效率和准确性，降低人为错误和疏漏。同时，通过大数据分析技术，系统还可以帮助高校发现隐藏在数据中的有价值信息，为高校的战略决策提供支持。然而，信息化监控系统的实施和维护也需要投入大量的人力、物力和财力。此外，随着技术的不断发展和法律环境的变化，系统也需要不断更新和优化以适应新的需求。

（三）监控结果的反馈与处理

1. 风险预警机制的建立

风险预警机制的建立需要构建一个完善的信息反馈系统。这个系统应当能够实时收集、整理和分析合同履行过程中的各种数据和信息，包括合同双方的履约情况、市场环境的变化、政策法规的调整等。通过对这些信息的深入分析，可以及时发现潜在的法律风险，为后续的预警和应对提供准确依据。

预警机制需要设定合理的风险预警阈值。这些阈值应根据历史数据、行业标准和专家意见等综合设定，以确保其科学性和有效性。一旦合同履行过程中的某些指标触及或超过这些阈值，预警机制就应立即启动，向相关人员发送预警信息。预警信息的发布和传递也是预警机制的重要环节。预警信息应当准确、及时地传达给相关人员，以便其迅速做出反应。同时，预警信息的发布方式也应多样化，包括但不限于电子邮件、短信、系统内部通知，以确保信息能够迅速、准确地传达给相关人员。此外，风险预警机制还需要与应急响应机制紧密结合。一旦预警机制发出预警信息，应急响应机制就立即启动，组织相关人员进行风险评估和应对措施的制定。通过这种方式，可以最大限度地降低法律风险对高校的影响，保障高校的合法权益。

2. 监控结果的报告与应对措施

监控结果的报告是风险监控机制的重要输出，它不仅是对前期监控活动的总结，也是后续决策和应对措施制定的关键依据。报告需要全面、客观地反映合同履行过程中出现的法律风险点，包括合同违约风险、条款不明确导致的纠纷风险、外部环境变化引发的合同履行难题等。这些风险点的识别和报告，要求高校具备高度的专业性和敏锐性，以确保报告内容的准确性和有效性。在报告编制过程中，应注重数据的分析和比对，结合合同履行过程中的实际情况，对法律风险进行量化评估和定性描述。报告还应包含对风险点的产生原因、可能造成的后果以及发展趋势的深入分析，从而为高校管理层提供决策支持。

应对措施的制定则是基于监控结果报告的具体内容。针对报告中识别的不同法律风险点，高校需要制定相应的应对措施，以减轻或消除这些风险对高校利益的影响。这些措施可能包括与合同对方的协商沟通、合同条款的修改补充、寻求法律专业人士的意见和帮助以及必要的法律诉讼等。在制定应对措施时，高校需要综合考虑风险点的大小、紧急程度、可能造成的损失以及应对措施的成本效益等因素。同时，措施的执行需要明确责任人和执行时间，确保应对措施能够有效落地并达到预期效果。

二、高校合同法律风险报告机制

（一）报告的内容与格式

1. 风险点的详细描述

风险点的详细描述需要明确风险的具体性质。这包括对风险类型的界定，如合同违约风险、履行不能风险、法律变更风险等，以及风险产生的具体原因和背景。通过准确界定风险性质，可以使合同双方对风险有一个清晰的认识。描述中应包含风险的大小和可能造成的损失评估，这需要对风险进行量化分析。例如，评估风险可能导致的经济损失、声誉损害等。同时，也应对风险发生的可能性和紧迫性进行说明，以便高校管理层能够全面了解风险的严重性和紧急性。

详细描述还应涉及风险的发展趋势和可能引发的连锁反应。这需要对合同履行过程中的各种因素进行综合分析，预测风险可能的发展方向和扩散范围。这种预测性分析有助于高校提前做好风险防范和应对措施。在描述风险点时，还应注重使用客观、准确的语言，避免夸大或缩小风险的实际影响。同时，为了便于理解和分析，可以采用图表、数据等形式直观地展示风险点，提高报告的可读性和说服力。

2. 风险评估与可能影响的预测

风险评估是对已识别风险点进行深入剖析的过程，旨在量化风险的大小、发生概率及其对高校运营可能产生的影响。这一评估过程通常涉及多维度的考量，包括但不限于风险的性质、规模、可控性以及与高校战略目标的关联度。通过科学的风险评估方法，如风险矩阵、蒙特卡洛模拟等，可以对每个风险点进行系统的排序和分类，进而明确哪些风险对高校构成重大威胁，哪些风险相对可控。

在风险评估的基础上，报告还需对风险可能带来的影响进行预测。这种预测不仅关注风险事件本身可能造成的直接损失，还考虑到风险事件可能引发的连锁反应和长期影响。例如，一份合同中的违约风险不仅可能导致短期的经济损失，还可能影响高校的声誉、学生招生、教职工士气以及未来的合作伙伴选择。因此，可能影响的预测需要全面考虑风险事件的直接和间接后果，以及这些后果对高校整体运营和长远发展的潜在影响。

此外，风险评估与可能影响的预测还需要结合高校的实际情况和外部环境进行动态调整。高校运营环境的复杂性和多变性意味着风险点的影响可能随着时间和情境的变化而发生变化。因此，报告应提供一种机制或方法，以便高校能够根据实际情况对风险评估和预测进行定期更新和修正。

(二) 报告的周期与频率

1. 定期报告与临时报告的结合

关于定期报告，其周期设置通常基于高校的实际情况和合同管理需求。

一般来说，可以分为月度、季度、半年度和年度等不同的时间段。月度报告有助于及时发现和解决一些较为简单和紧急的合同法律风险；季度报告则可以对一些较为复杂和重要的法律风险进行深入分析和处理；而半年度或年度报告则更侧重于全面系统的风险评估和总结，以及长期存在问题的改进策略。

临时报告则是对定期报告的重要补充，通常在出现重大法律风险或突发事件时编制。这类报告的优势在于其灵活性和针对性，能够迅速反映新出现的风险情况，为高校管理层提供及时的信息以便管理层迅速做出决策。例如，当合同条款出现争议、外部环境发生重大变化或合作方出现违约行为时，都需要通过临时报告来迅速通报相关情况。

在实际操作中，定期报告与临时报告的结合使用可以大大提高高校对合同法律风险的反应速度和处理能力。通过定期报告，高校可以建立起一个系统的风险监控机制，确保所有合同都得到持续的关注和评估。而临时报告则保证了在突发情况下，高校能够迅速做出反应，及时调整策略以应对风险。

2. 重大风险事件的即时报告

在高校合同法律风险管理中，重大风险事件的即时报告机制至关重要。这种机制确保了高校管理层能够在第一时间获悉那些可能对学校运营、财务状况或声誉产生重大影响的风险事件，从而迅速做出决策，控制损失，并维护学校的整体利益。

即时报告的核心在于其时效性和准确性。即时报告的时效性表现在，当发生重大风险事件时，如合同违约、法律诉讼或政策变动导致的合同履行难题等，相关部门需要立即启动报告程序，确保信息能够在最短时间内传达到决策层。这种快速响应机制有助于高校抢占先机，避免风险扩大或恶化。即时报告的准确性也至关重要。报告不仅需要详细描述风险事件的具体情况，还需要提供初步的影响分析和可能的解决方案。这要求报告编制人员具备高度的专业素养和敏锐的风险洞察力，能够迅速捕捉风险事件的关键信息，并对其进行深入分析和解读。此外，即时报告还应遵循一定的程序和规范。例如，报告应通过专门的渠道进行提交，确保信息的保密性和安全性；同时，报告应包含明确的时间戳和责任人签名，以便后续追踪和问责。

（三）报告的使用与共享

1. 报告在决策中的应用

在高校合同法律风险管理中，风险报告的使用与共享对于提升决策的科学性和有效性至关重要。报告不仅是风险识别与评估的产物，更是决策层制定应对措施、优化合同管理流程的重要依据。

合同法律风险报告为高校决策层提供了全面的风险概览。报告中详细列出的风险点、风险大小以及可能造成的损失评估，帮助决策者快速了解当前合同面临的法律风险状况，从而能够有针对性地制定风险防范和应对策略。报告中的风险评估与预测结果为决策提供了数据支持。通过对风险发生概率和可能影响的量化分析，决策者可以更加客观地权衡不同风险的轻重缓急，合理安排资源投入，确保风险应对措施的优先级与实际风险相匹配。报告中的案例分析、法律法规解读等内容，为决策者提供了宝贵的经验和知识。这些信息有助于决策者提升对合同法律风险的认识和理解，避免在未来合同签订和履行过程中重蹈覆辙。通过共享合同法律风险报告，可以促进高校内部各部门之间的沟通与协作。不同部门可以根据报告内容调整自身工作策略，形成合力共同应对合同法律风险。同时，报告的共享也有助于提升全员风险管理意识，形成积极向上的风险管理文化。

2. 报告信息的保密与共享原则

合同法律风险报告往往包含高校的敏感信息和核心数据，如合同细节、风险评估结果、可能的损失预测等。这些信息一旦泄露，可能就会对高校的利益、声誉甚至法律地位产生严重影响。因此，保密原则是首要考虑的。高校应建立完善的信息分类系统，将合同法律风险报告中的信息根据其敏感性和重要性进行分类。同时，实施严格的权限管理制度，确保只有经过授权的人员才能访问敏感信息。采用先进的加密技术对报告进行加密处理，以防止未经授权的访问和数据泄露。此外，报告的存储也应遵循高标准的安全规范，如使用安全的存储设备、定期备份等。对高校员工定期进行保密意识和技能培训，确保其了解保密原则的重要性，并能在实际工作中严格执行。

高校合同审查与法律风险管理

　　尽管保密原则至关重要，但在某些情况下，合同法律风险报告的共享也是必要的，以便相关部门和人员能够协同工作，共同应对风险。高校内部的相关部门，如法务、财务、项目管理等，需要共享报告以便协同工作。通过共享报告，各部门可以及时了解合同风险状况，共同制定应对措施。在必要时，高校也需要与外部合作伙伴、监管机构或法律顾问共享报告。这有助于增进彼此之间的信任与合作，共同应对法律风险。

第四章　高校各类合同的审查要点

第一节　采购与服务合同

一、合同主体与签约方资质审查

（一）供应商/服务商资质及信誉审查

1. 资质审查

在高校采购与服务合同主体与签约方资质审查中，供应商或服务商的资质审查是确保合同顺利执行、防范潜在风险的关键环节之一。这一审查过程深入且细致，它要求对高校所需求的商品或服务的专业性和特殊性有深刻的理解。

资质审查聚焦于供应商或服务商的基本经营资格，这包括验证其是否具备合法注册的企业法人营业执照、税务登记证等必要的法定证件。这些证件的核查是确认其市场准入资格和合法经营状态的基础，也是保障高校采购行为合法性的前提。审查过程中会深入评估供应商或服务商的专业能力和技术实力。这涉及对其在专业领域内的认证，资质等级以及技术专利的详细考察。例如，对于提供高科技产品或服务的供应商，其是否拥有相关的技术认证和专利将成为重要的评价指标。这种深入的专业能力评估有助于高校确保所采购的商品或服务的质量和技术水平。此外，资质审查还会关注供应商或服务商的行业经验和历史业绩。通过对其过往项目案例的分析，可以评估其在类似项目中的表现和执行能力，从而预测其在以后合同执行中的可靠性和效率。

2. 信誉审查

在高校采购与服务合同签署前的主体与签约方资质审查中，供应商或服务商的信誉审查是一个举足轻重的环节。信誉审查的目的是评估供应商或服务商的商业道德、经营稳定性和履约可靠性，来确保高校在合作过程中能够降低潜在风险，维护自身权益。

信誉审查首先关注的是供应商或服务商的商业道德。这包括其在商业活动中的行为准则，对待客户的态度以及是否遵守行业规范和法律法规。通过查阅供应商或服务商的历史记录，客户反馈以及行业评价，可以对其商业道德进行全面了解，从而判断其是否值得信赖。经营稳定性也是信誉审查的重点。一个经营稳定的供应商或服务商通常能够提供更可靠的产品和服务。通过考察其财务状况、市场份额、业务连续性以及应对市场变化的能力，可以评估其经营的稳健性。这种稳健性对于保障高校采购与服务合同的顺利履行至关重要。此外，履约可靠性也是信誉审查的核心内容。这涉及供应商或服务商在过往合同中的履约情况，包括是否按时交货，产品质量是否符合标准，售后服务是否到位等。通过对其履约记录的深入分析，可以预测其在未来合同中的表现，从而帮助高校做出更明智的选择。

（二）高校内部采购程序合规性审查

高校内部采购程序合规性审查旨在确保高校的采购活动严格遵守法律法规，维护高校的合法权益，同时促进资源的合理配置和高效利用。高校作为教育和科研机构，其采购活动涉及的资金往往来自公共财政，因此，其采购行为的合规性直接关系到公共资金的使用效率和社会的公信力。

1. 程序规范性审查

高校内部采购程序合规性审查中的程序规范性审查是对高校采购流程中各个环节是否符合既定规章制度和操作规程的深入检查。这一审查的核心目的是确保采购活动的合法性、公正性和效率，从而维护高校的经济利益和声誉。程序规范性审查首先关注的是采购流程的完整性和逻辑性。这意味着，审查人员需要仔细核查从采购需求确定到合同签订的每一个步骤，确保没有遗漏或跳跃。这种完整性的保障有助于减少操作中的随意性和主观性，使得整个采购过程更加严谨和可控。程序规范性审查还着重于采购流程中各个环节的执行情况。例如，审查人员会检查采购计划的制定是否合理，采购方式的确定是否科学，招标文件的编制是否规范等。这些环节的执行情况直接影响到采购活动的公正性和透明度，因此必须严格按照既定规程操作。

2. 透明度审查

透明度审查是评估采购过程中信息公开程度与可见性的重要环节。透明度审查的核心在于确保采购活动的公开、公平与公正，以增强公众信任，减少腐败和权力寻租的可能性。在进行透明度审查时，首要关注的是采购信息的公开性。这包括采购需求、招标文件、评标标准、中标结果等关键信息是否及时、准确、完整地向公众公开。高透明度能够确保所有潜在供应商在同一信息平台上竞争，从而维护市场的公平竞争原则。审查过程还要检查采购流程的透明度。从采购计划的制定到合同签订的每一个环节，都应当能够接受外部监督和审查。这不仅包括采购过程的实时记录，还涉及决策依据和结果的公示。通过公开采购流程，可以增加公众对采购活动的了解和监督，进而提高采购的公正性和效率。

3. 合同管理审查

高校内部采购程序合规性审查中的合同管理审查是保障采购活动合法、有效进行的重要环节之一。合同管理涉及合同的起草、审批、签署、执行以及终止等各个环节，其审查的核心在于确保合同条款的合法性、明确性和履行的可行性。审查合同内容的明确性和完整性至关重要。合同应清晰界定服务或产品的具体规格、数量、质量标准、交付时间和地点等关键信息，避免模糊表述，以减少后期执行过程中的纠纷风险。此外，合同履行过程的监督和管理同样不容忽视。审查人员需要关注合同履行的实际情况，包括进度控制、质量保障、费用支付等方面，确保双方严格按照合同约定执行，维护合同的稳定性和权威性。

二、合同标的与规格说明

（一）采购物品/服务内容明确性审查

高校采购与服务合同标的与规格说明中的采购物品/服务内容明确性审查，是确保高校采购活动顺利进行、合同履行无歧义以及资源得到有效利用的关键环节之一。这一审查的核心目的在于，通过详尽而精确的物品或服务描述，为供应商提供清晰的履行标准，同时为高校提供明确的验收依据。

1. 合同标的物的明确性

高校采购物品或服务内容明确性审查中，合同标的物的明确性是一个核心要素。这一审查环节旨在确保合同中所列明的采购物品或服务具有清晰、准确的描述，从而避免后续执行过程中的误解和争议。合同标的物的明确性体现在对采购物品或服务的详细描述上。这不仅包括物品的具体名称、型号、规格，还涉及数量、质量、性能等多方面的具体要求。这种详尽的描述有助于供应商准确理解高校的需求，进而提供符合期望的产品或服务。此外，标的物的明确性还关乎合同的法律效力和执行效率。一个模糊不清的合同标的描述可能会导致双方在合同履行过程中产生分歧，甚至引发法律纠纷。相反，一个清晰明确的合同标的描述则能够为双方提供明确的指引，确保合同的顺利执行。

2. 规格与技术要求的清晰性

高校采购物品或服务内容明确性审查中，规格与技术要求的清晰性是关键环节。这一清晰性不仅关乎采购物品或服务能否满足高校的实际需求，更直接影响到采购活动的整体效率和后续使用的便捷性。规格与技术要求的清晰性要求合同中详细列出采购物品或服务的各项技术指标和性能要求。这些技术指标应具体、量化，能够明确指导供应商提供符合高校期望的产品或服务。同时，性能要求的明确也有助于高校在后续验收和使用过程中进行准确评估。此外，规格与技术要求的清晰性还体现在对采购物品或服务的质量、安全、环保等方面的明确要求上。这些要求应全面、细致，能够确保供应商提供的物品或服务符合相关法律法规和标准，从而保障高校的合法权益。值得注意的是，规格与技术要求的清晰性不仅影响采购活动的顺利进行，还对高校的教学、科研等活动产生深远影响。一个清晰、明确的规格与技术要求能够确保高校采购到高品质、高性能的物品或服务，进而提升教学和科研水平，推动高校整体发展。

3. 附加条件与特别说明的详尽性

在高校采购物品或服务内容的明确性审查中，附加条件的详尽性和特别说明的详尽性同样占据着举足轻重的地位。这些附加条件和特别说明，往往涉及采购活动的细节、特殊要求以及双方在某些特定情况下的权利和义务，是确保合同顺利执行和双方利益得到保障的重要补充。附加条件的详尽性意味着合同中应包含所有可能影响采购活动的额外因素。例如，对于采购物品的特殊运输要求、存储条件，或者服务提供的具体时间、地点等，都需要在附加条件中予以明确。这些细节的清晰界定，有助于预防在执行过程中可能出现的误解和冲突。特别说明的详尽性，则体现在对合同中某些特定条款或情况的进一步解释和约定上。例如，对于采购物品的质量保证期限、售后服务内容，或者双方在合同履行过程中遇到不可抗力时的处理方式等，都需要在特别说明中给予详尽的阐述。这些特别说明的存在，不仅能够增强合同的适应性和灵活性，还能在特定情况下为合同双方提供明确的行动指南。

（二）规格、质量、性能等要求审查

在高校采购与服务合同中，对标的物的规格、质量、性能等要求的审查，是确保采购目标达成、合同顺利执行以及高校利益得到最大保障的关键环节之一。

1. 规格审查

规格要求的审查，首先关注的是标的物的具体尺寸、重量、材质等物理特性。这些规格不仅决定了标的物的基本形态，更是其能否满足高校实际需求的基础。例如，在采购教学设备时，设备的屏幕尺寸、分辨率、接口类型等规格参数直接影响到教学效果和使用便捷性。因此，对规格的细致审查能够确保所采购的物品或服务在物理层面上与高校的期望相匹配。

2. 质量审查

质量要求则是审查过程中的另一重要方面。高校作为教育和科研机构，对采购物品或服务的质量有着极高的要求。质量不仅关乎标的物的耐用性、稳定性和安全性，还直接影响到教学和科研活动的顺利进行。因此，在审查质量要求时，需要关注标的物是否符合国家及行业标准，是否具备必要的质量认证，以及供应商是否提供了相应的质量保证措施。通过这些审查，可以大大降低因质量问题导致的风险，保障高校的利益。

3. 性能审查

性能要求的审查同样不容忽视。性能是标的物实现其预定功能的关键，直接决定了采购活动的成效。在审查过程中，需要评估标的物的各项性能指标是否满足高校的实际需求，如设备的运行速度、精确度、可靠性等。同时，还需要关注性能指标的测试方法和评价标准，以确保这些指标的真实性和可比性。通过对性能的全面审查，高校可以更加准确地判断标的物的性价比，从而做出更为明智的采购决策。

三、价格条款与支付方式审查

（一）价格合理性及与市场价对比分析

高校采购与服务合同中的价格条款与支付方式审查，特别是价格合理性及与市场价的对比分析，是保障高校经济利益，防止资源浪费和权力寻租的重要环节之一。

1. 价格合理性审查

价格合理性审查首先关注的是合同所定价格是否符合价值规律，即是否真实地反映了标的物的成本、稀缺性以及市场供求关系。高校作为非营利性机构，其采购资金多来源于公共财政，因此对价格的合理性有着极高的要求。在审查过程中，需要综合考虑标的物的生产成本、运输费用、税费等因素，以及市场上的供需状况和竞争态势，从而判断合同价格是否处于一个合理区间。

2. 与市场价的对比分析

与市场价的对比分析，是价格合理性审查的重要手段。市场价是标的物在自由市场上的交易价格，它反映了标的物的真实价值和市场认可度。通过收集和分析相同或类似标的物在市场上的价格信息，可以形成一个价格参照系，用以评估合同价格的合理性。若合同价格明显高于市场价，则可能存在价格虚高、利益输送等问题；若合同价格明显低于市场价，则需警惕供应商可能通过降低产品质量或服务标准来弥补低价带来的损失。

（二）支付条件、期限及方式明确性审查

高校采购与服务合同中的支付条件、期限及方式的明确性审查，是合同管理中的重要环节，它直接关系到合同履行的顺畅性、资金使用的效率以及高校的财务风险控制。

1. 支付条件的明确性审查

支付条件的明确性审查首先关注的是支付的前提条件和触发机制。这些条件可能包括供应商完成特定工作、提供相应证明文件、达到约定的质量标准等。审查时，必须确保这些条件在合同中得到了清晰、具体的描述，以避免后续履行过程中的争议和纠纷。支付条件的模糊性不仅可能导致支付流程的延误，还可能引发双方对合同理解的分歧，进而影响合同的顺利执行。

2. 支付期限的明确性审查

支付期限的明确性同样至关重要。合同中应明确规定支付的各个阶段和时间节点，如预付款、进度款、尾款等的支付时间。这种明确性有助于高校合理安排资金计划，保证资金及时到位，从而确保项目的顺利进行。同时，明确的支付期限也对供应商构成了一种约束，促使其按时按质完成合同。如果支付期限模糊不清，可能会给高校带来资金调度上的困难，甚至影响整个采购项目的进度和效果。

3. 支付方式的明确性审查

支付方式的明确性审查则侧重于资金流转的具体操作和安全性。支付方式的选择应综合考虑便捷性、成本效益和风险控制。例如，采用电子支付方

式可以提高效率，减少人为错误；而采用分期付款或质保金制度，则可以在一定程度上降低高校的财务风险。在审查时，应确保支付方式在合同中得到明确约定，并且符合相关法律法规和高校内部管理制度的要求。

四、交货与验收条款审查

（一）交货时间、地点及方式约定审查

高校采购与服务合同的交货与验收条款审查中，对交货时间、地点及方式的约定进行细致审查是至关重要的。这不仅关系到合同履行的效率和顺畅性，更直接影响到高校的日常运作和教学科研活动的正常开展。

1. 交货时间

交货时间的约定审查，首先关注的是供应商承诺的交货时间是否明确、具体，并且符合高校的实际需求。一个合理的交货时间应该既考虑到供应商的生产能力和物流安排，又能满足高校对物品或服务的紧迫需求。审查时，需要评估交货时间是否具备可行性，是否存在过于紧迫或过于宽松的情况。过于紧迫的交货时间可能导致供应商为了赶工而牺牲质量，而过于宽松的时间则可能造成资源浪费和效率低下。因此，合理的交货时间约定是确保合同顺利履行的关键。

2. 交货地点

交货地点的约定同样重要。合同中应明确规定交货的具体地点，以确保供应商能够准确地将物品或服务送达指定位置。审查时，需要确认交货地点是否清晰、无误，并且符合高校的实际情况。同时，还应考虑交货地点对物流成本和效率造成的影响，以及可能存在的风险因素。例如，交货地点位于偏远地区或交通不便的地方，可能会增加运输成本和时间成本，甚至影响物品或服务的及时到达。

3. 交货方式

交货方式的约定也是审查的重点之一。不同的交货方式具有不同的特点和适用范围，因此需要根据具体情况进行选择。例如，对于大宗物品或需要

特殊运输条件的物品，可能需要采用专车运输或集装箱运输等方式；而对于小件物品或急需物品，则可以选择快递或空运等快速交货方式。审查时，应确保合同中约定的交货方式与物品的性质、数量和运输要求相匹配，并且符合相关法律法规的规定。

（二）验收标准、方法及异议处理机制审查

在高校采购与服务合同的交货与验收条款审查中，验收标准、方法及异议处理机制的审查是至关重要的一环。这些条款对于确保采购物品或服务的质量、规格符合高校要求，以及处理可能出现的问题具有关键作用。

1. 验收标准

验收标准的审查关注的是合同中是否明确规定了采购物品或服务的具体验收标准。这些标准应涵盖质量、规格、性能等关键要素，以确保供应商所提供的物品或服务能够满足高校的实际需求。审查时，必须确保这些标准清晰、明确，既符合行业规范，又体现高校的特定要求。模糊或不明确的验收标准可能导致后续验收过程中的争议和纠纷，因此，对其严格审查是维护高校利益的重要步骤。

2. 验收方法

验收方法的审查同样重要。合同中应详细规定验收的具体流程和操作方法，以确保验收过程的科学性和公正性。这包括但不限于验收人员的组成、验收环境的设置、验收工具的选择等。审查时，应关注这些方法是否具备可操作性和合理性，能否有效地检验出采购物品或服务的各项质量指标。同时，还应考虑验收方法对成本和时间的影响，以寻求效率与准确性的平衡。

3. 异议处理机制

异议处理机制的审查则是为了应对验收过程中可能出现的问题。合同中应明确规定当验收结果不符合要求时，双方应如何协商、处理和解决异议。这一机制的存在，不仅能够为高校提供法律保障，还能促使供应商更加重视产品质量和服务水平。审查时，应关注异议处理的流程是否明确、合理，以及是否具备可操作性。同时，还应评估该机制在处理实际问题时的效率和公正性。

第二节　合作研究与技术开发合同

一、合同主体及签署权限审查

（一）高校与合作方的资质验证

在高校合作研究与技术开发合同中，合同主体及签署权限的审查是至关重要的环节，特别是对高校与合作方的资质验证，它直接关系到合同的合法性、有效性和后续履行的顺畅性。资质验证是确认合同主体是否具备签署和履行合同的能力与资格的过程。在高校合作研究与技术开发合同中，这通常涉及对高校和合作方的法人地位、经营范围、研究能力等方面的核实。这一步骤不仅有助于确保合同的有效性，还能在一定程度上降低合作风险，保障双方的合法权益。

1. 高校资质验证

高校资质验证是确保合同有效性和合法性的关键步骤。在这一过程中，对高校作为合同主体的资质进行全面而细致的核查至关重要。高校资质验证需要确认学校是否具备签订和执行相关合同的法律地位和权限。这包括核实学校的法人资格、办学许可证等基础性资质，以确保其作为合同主体的合法性。同时，还需审查学校是否有权进行所涉及的采购、合作或服务活动，以及这些活动是否符合其办学宗旨和业务范围。验证过程中应关注高校内部的管理架构和决策程序。了解学校的决策机构，如教职工代表大会或相关管理部门，并确认合同签订是否经过适当的内部审批和授权。这一步骤有助于识别潜在的内部操作风险，确保合同的签署符合高校内部的规章制度。此外，高校资质验证还需考察学校的财务状况和履约能力。通过分析学校的财务报表和资金流动情况，评估其是否有足够的财力履行合同条款。同时，需要明确合作研究与技术开发，合同中高校的合作只能涉及科技研发和技术开发，超越范围的合同有可能置高校于危险之地。如建筑工程类高校教师虽然是土木、建筑等领域的专业人士，但是高校并不能签订施工合同、设计合同等，因为主体不适格，高校不具备相关主体资格。

2. 合作方资质验证

在高校合同主体及签署权限审查中，合作方资质验证是一个至关重要的环节。这一环节旨在确保高校所选择的合作方具备履行合同义务的能力和专业资质，从而保障合同的有效执行和高校的合法权益。合作方资质验证关注的是合作方的经营资质和业务范围。通过查阅相关证照和文件，确认合作方是否具备从事合同约定业务的法定资格，以及其业务范围是否覆盖合同所涉及的内容。这是确保合作方能够合法、有效地履行合同的基础。验证过程中还需评估合作方的专业能力和技术实力。这包括了解合作方的人员配备、技术设备、研发能力等方面的情况，以判断其是否具备完成合同任务所必需的专业素养和技术水平。一个具备强大专业能力和技术实力的合作方，能够为高校提供更高质量的服务和产品。此外，合作方的财务状况和信誉记录也是资质验证的重要内容。通过审查合作方的财务报表、资金状况以及过往的合同履行情况，可以评估其履约能力和商业信誉。一个财务状况良好、信誉卓著的合作方，更有可能按照合同约定履行义务，减少合同风险。

（二）双方代表签署权限的核实

1. 高校签署权限核实

高校签署权限核实是合同审查过程中不可或缺的一环。这一环节的核心目的在于确保高校在签署合同时具备相应的法律权限和内部授权，从而维护合同的合法性和有效性。高校签署权限的核实首先要关注的是高校作为法人实体的法律地位。这包括确认高校是否依法成立，是否具备独立承担民事责任的能力。只有确保高校具备法人资格，才能进一步核实其签署合同的权限。需要深入审查高校内部的组织结构和决策流程。这涉及了解高校内部的权利分配和运行机制，以及合同签署的具体程序和责任人。通过这一步骤，可以明确高校在签署合同时是否遵循了内部的决策程序，并得到相应层级的批准。此外，签署权限的核实还包括对高校代表人或代理人的授权情况进行查验。

这要求核实代表人或代理人应获得高校的明确授权，以及授权的范围和期限与合同签署的要求相符。这一步骤有助于防止无权代理或超越代理权的情况发生，确保合同的签署行为合法有效。

2. 合作方签署权限核实

合作方签署权限核实是保障高校合同签署合法性和有效性的重要步骤。在进行合作方签署权限核实时，应深入探究合作方是否有权代表其组织或实体签署合同，这一权限是否受到法律和组织章程的明确授权。合作方签署权限的核实首先涉及对其法律地位的确认。这包括验证合作方是否为合法注册的实体，是否具备签订合同所必需的法律资格。此外，还需进一步审查其组织内部的管理架构和授权机制，以确保签署合同的行为符合其内部规定。要仔细查验合作方代表人或代理人的具体授权文件。这些文件应明确说明代理人的身份、授权范围、有效期等关键信息。通过对比合同内容和授权文件，可以判断代理人是否在授权范围内行事，进而评估合同签署的合法性。同时，合作方签署权限的核实还需关注其是否有违反法律法规或内部规定的前科。一个曾有违规行为的合作方，其签署权限的可信度自然会受到质疑。因此，通过查阅相关记录和评价其历史表现，可以为高校提供更全面的风险评估。

二、研究内容与技术目标审查

（一）明确研究主题与技术方向

在高校合作研究与技术开发合同中，研究内容与技术目标的审查是确保项目顺利进行和达到预期成果的关键环节。其中，明确研究主题与技术方向是整个审查过程的基石，它不仅为合作双方提供了清晰的研究路径，还为后续的资源分配、进度安排和成果评估奠定了坚实的基础。

1. 明确研究主题

明确研究主题对于整个研究项目的定位至关重要。研究主题是项目开展的核心，它决定了研究的边界、深度和广度。在高校与合作方的协商过程中，双方应就共同关心的科学问题或技术难题进行深入探讨，明确本次合作的研究重心。这一步骤有助于凝聚双方的研究力量，避免资源的分散和浪费。

2. 明确技术方向

技术方向的确定是研究主题明确后的自然延伸。技术方向不仅关乎研究方法的选择，还直接影响到最终的技术成果和应用价值。在确定技术方向时，应充分考虑现有技术条件、资源储备以及市场需求等多方面因素。同时，技术方向的设定还应具有一定的前瞻性和创新性，以确保研究成果能够在相关领域内产生深远影响。

（二）预期技术成果的界定

预期技术成果，简而言之，就是合作研究与技术开发项目预期将达到的技术水平或实现的技术目标。这一概念的界定，需要综合考虑项目的实际需求、技术可行性、市场前景以及合同双方的技术实力和资源投入等多方面因素。

1. 明确认知项目的技术目标

从技术层面来看，预期技术成果的界定首先要求合作双方对项目的技术目标有清晰、明确的认识。这包括对项目所需解决的关键技术问题、拟采用的技术路线、预期达到的技术指标等有一个全面的了解和把握。只有明确了这些技术细节，才能确保项目的研发方向正确，避免走弯路或偏离目标。

2. 综合考虑项目的实际应用价值和市场前景

预期技术成果的界定还需要充分考虑项目的实际应用价值和市场前景。这意味着，在设定预期技术成果时，不仅要关注技术的先进性和创新性，还要注重其实用性和可推广性。一个成功的技术开发项目，不仅要在技术上取得突破，还要能够在市场上站稳脚跟，为合作双方带来实实在在的经济效益。

3. 知识产权的归属和使用

预期技术成果的界定还涉及知识产权的归属和使用问题。在合同中，应明确约定项目研发过程中产生的知识产权归属，以及双方在项目完成后对知识产权的使用和转让等事项。这有助于保障合作双方的合法权益，避免因知识产权纠纷而影响项目的顺利进行。

（三）技术指标的合理性与可行性分析

在高校合作研究与技术开发合同中，技术指标的合理性与可行性分析是评估项目能否成功实施并取得预期成果的重要环节。这种分析不仅涉及技术指标的科学性、前瞻性，还要综合考虑技术实现的难易程度、资源投入、时间周期等多个维度。

1. 技术指标的合理性分析

技术指标的合理性分析要审视其是否符合科学原理和行业发展趋势。这意味着，所设定的技术指标不能违背已知的科学规律，同时要能够反映当前及未来一段时间内该领域的技术发展方向。例如，如果合同中的技术指标明显落后于当前行业普遍水平，或者过于超前以致现有技术条件无法实现，那么这些指标就缺乏合理性。

2. 技术指标的可行性分析

技术指标的可行性分析关注的是在现有技术条件、资源配备和项目周期内，这些指标是否能够实现。这需要对项目团队的技术能力、实验设备、资金支持等进行全面评估。例如，一个要求短期内实现高性能材料研发的项目，如果团队缺乏相关经验或实验设备不足，那么这一技术指标就可能因缺乏可行性而难以实现。

3. 技术指标的合理性与可行性综合分析

在进行技术指标的合理性与可行性分析时，应考虑市场需求和实际应用场景。技术指标不仅要能在实验室环境下实现，更要能够在真实的市场和应用环境中发挥作用。因此，分析过程中需要密切关注行业动态和市场需求，确保技术指标与实际应用紧密相连。此外，风险评估也是技术指标合理性与可行性分析的重要组成部分。在分析技术指标时，必须对这些潜在风险进行充分评估，并制定相应的风险应对策略。从合同法的角度来看，技术指标的合理性与可行性直接关系到合同的履行和双方的权益。如果技术指标设定不合理或不可行，可能导致项目延期，成本超支甚至失败，进而引发合同纠纷。因此，在签订合同前，双方应充分沟通、协商，确保技术指标的合理性和可行性。

三、合作方式与责任分配审查

（一）双方的合作模式阐述

在高校合作研究与技术开发合同中，合作模式不仅关乎项目的推进方式和效率，还直接影响到合作双方的责任、权益分配以及项目最终的成功与否。因此，对合作模式的深入分析和明确阐述，对于保障合同的有效执行和项目的顺利推进具有至关重要的意义。

1. 合作模式的选择

合作模式的选择应基于合作双方的实际需求和资源优势。高校与企业或其他研究机构之间的合作，往往是在资源共享、优势互补的基础上展开的。高校拥有雄厚的研究实力和丰富的科研资源，而企业则通常具备市场运作经验和资金优势。因此，在合作模式的构建上，应充分考虑双方的特点和需求，以实现资源的最优配置和效益的最大化。合作模式应明确双方的合作方式和具体内容。这包括研究任务的分工、技术路线的确定、实验设备的共享、研究成果的归属等。通过明确这些合作细节，可以有效避免合作过程中的模糊地带和潜在纠纷，确保项目的顺利进行。进一步地，合作模式还应涉及项目管理和决策机制的建立。在合作过程中，双方应共同成立项目管理小组或委员会，负责项目的日常管理和重大决策。这种机制可以确保双方对项目进展的实时掌控，及时解决问题和调整策略，从而提升项目的执行效率和成功率。此外，合作模式中的知识产权问题也不容忽视。双方应就研究过程中产生的知识产权归属，使用和转让等事项达成明确协议。这既是对双方创新成果的尊重和保护，也是维护合作双方长期利益的重要保障。

2. 合作模式的阐述

合作模式的阐述还体现了科研合作的开放性和包容性。在当今科技创新日新月异的时代背景下，高校与企业等机构的跨界合作已成为推动科技进步和产业升级的重要力量。因此，一个开放、包容、灵活的合作模式，能够吸引更多优质的合作伙伴，共同推动科研项目的深入发展。此外，合作模式的明确阐述也有助于提升合作双方之间的信任度和合作意愿。当双方对合作模式有清晰、一致的认识时，可以减少误解和猜忌，增强合作的稳定性和持久性。这种信任基础的建立，对于长期、深入的合作关系的形成和发展具有至关重要的意义。

（二）各自责任与义务的明确

责任与义务的界定不仅关乎合同双方的权益保护，更是合作研究与技术开发活动规范化、高效化的基石。

1. 责任明确

明确各自的责任能够确保合作双方在项目实施过程中各司其职，形成高效的协同机制。高校作为科研力量的聚集地，通常承担着技术研究、开发和创新等主要任务。这包括基础理论研究、实验设计、数据分析等关键环节。与此同时，高校还需负责相关科研人员的培训与管理，确保研究团队的稳定性和专业性。而合作方，可能是企业或其他研究机构，则往往扮演着技术应用与市场推广的角色，需要为项目的实施提供必要的资金支持、设备保障和市场渠道，同时还要协助高校进行技术成果的转化和应用。

2. 义务明确

各自义务的明确有助于规避合作过程中的潜在风险和冲突。在科研合作中，知识产权的归属、保密义务的履行以及技术风险的分担等都是可能引发纠纷的敏感问题。通过合同明确双方在这些方面的义务，可以有效预防和解决潜在的法律风险。例如，合同中可以规定双方在项目期间及之后一段时间内对研究成果的保密义务，以确保技术成果的安全性和商业价值。同时，对于因技术研发引发的知识产权纠纷，合同也应提供明确的解决机制和责任划分，从而维护双方的合法权益。责任与义务的明确还有助于提升合作研究的整体效率和质量。当双方都清楚自己的职责所在，就能更加专注于各自的任务，减少不必要的沟通和协调成本。这种分工明确、高效协作的模式不仅有利于加快项目进度，还能在一定程度上提升研究成果的创新性和实用性。此外，明确各自的责任与义务也是对科研人员职业道德的一种约束和保障。它要求科研人员在追求科学真理的同时，必须遵守合同约定，履行自己的责任和义务。这种约束有助于维护科研活动的诚信和公正性，防止学术不端行为的发生。

（三）风险分担机制的约定

高校合同合作中的风险分担机制约定是合作双方为了共同应对不确定性因素而达成的一种协议安排。这一约定不仅关乎合作项目的稳健推进，更涉及双方权益的切实保障。在现代高校与外部机构的多元合作中，风险分担机制的约定显得尤为重要。

1. 深入认识潜在风险

风险分担机制的约定首先要求合作双方对潜在风险有全面而深入的认识。这包括技术风险、市场风险、法律风险等多个层面。双方需要通过充分的沟通与协商，明确哪些风险是可以通过技术手段进行规避的，哪些是需要共同承担的。这种对风险的全面审视，有助于合作双方在合同签订前就形成明确的风险意识。

2. 详细约定风险分担

合作双方需要就风险分担的具体方式进行详细约定，这通常包括风险的识别、评估，监控以及应对措施的制定等环节。双方应明确在风险事件发生时，各自应承担的责任和义务，以及如何协调行动以最小化风险带来的损失。这种约定不仅有助于提升合作双方的责任感和紧迫感，还能在风险真正来临时，确保双方能够迅速而有效地做出反应。

3. 合同的灵活性和可持续性

风险分担机制的约定需要考虑合同的灵活性和可持续性。由于风险本身具有不确定性和多变性，因此合作双方需要在合同中预留一定的调整空间，以便根据实际情况对风险分担策略进行适时调整。同时，双方还应就合作期限、续约条件等进行明确约定，以确保风险分担机制的长期有效性。

四、经费与支付条款审查

（一）经费预算与支付方式的明确

在高校合作研究与技术开发合同中，经费与支付条款的审查是保障项目顺利进行和合作双方权益的关键环节之一。其中，经费预算与支付方式的明确更是重中之重，这不仅关系到项目的财务规划，还直接影响到合作双方的经济利益和项目的执行效率。

1. 经费预算的明确

经费预算的明确是科研合作项目开展的前提和基础。一个合理、科学的经费预算能够为项目提供充足的资金支持，确保研究活动的正常进行。在制定经费预算时，需要充分考虑项目的实际需求，包括人员费用、设备购置与维护、材料消耗、差旅费用等各项开支。同时，还要结合项目的进度安排，对经费进行合理分配，以保证资金的及时投入和有效利用。经费预算的明确也体现了合作双方对项目的认真态度和责任感。通过详细的经费预算，合作双方能够清晰地了解项目的财务需求和资金分配情况，从而更好地履行各自的出资义务。这有助于增强合作双方之间的信任，为项目的顺利实施创造有利条件。

2. 支付方式的明确

支付方式的明确对于保障资金流动性和合作双方的利益至关重要。支付方式的选择应根据项目的实际情况和合作双方的约定进行，以确保资金的及时到账和合规使用。常见的支付方式包括分期支付、里程碑支付等，这些方式各有优缺点，需要根据项目的具体需求进行选择。分期支付可以根据项目的进度和阶段成果来划分支付节点，有助于合作双方对项目的进展进行有效监控。而里程碑支付则是将项目划分为若干关键阶段，每个阶段完成后支付相应的款项。这种方式能够激励合作双方按时完成阶段任务，推动项目的整体进度。支付方式的明确还有助于规避潜在的财务风险和纠纷。在合同中明确支付方式，可以确保合作双方在资金往来过程中有明确的依据和规则可循，减少因资金问题而引发的争议。同时，合理的支付方式也能够减少合作双方的财务压力，提高资金的使用效率。

（二）经费使用监管与审计机制的建立

经费使用监管与审计机制的建立不仅体现了合作双方对经费管理的严谨态度，更是维护科研诚信、防止经费滥用和确保研究质量的重要举措。

1. 经费使用监管机制

经费使用监管机制的核心在于确保每一笔资金都能按照预算和合同规定的用途进行合理分配和使用。为此，合作双方需要共同制定一套严格的监管流程，明确经费使用的具体规则和限制。这包括经费支出的审批程序，报销凭证的审核标准以及违规采取的处罚措施等。通过这些规定，可以有效防止经费的挪用、浪费和不当使用，确保每一分钱都花在刀刃上。

2. 经费审计机制

审计机制的引入则为经费使用的合规性提供了有力保障。审计不仅是对经费使用情况的事后检查，更是一种全过程的监督。通过定期或不定期的审计活动，可以及时发现和纠正经费使用中的违规行为，确保项目的财务健康。审计的内容应涵盖经费来源、支出明细、报销凭证等各个方面，以确保数据的真实性和完整性。通过建立有效的审计机制，可以推动科研经费的合理分配和高效利用，进而促进科研成果的质量和影响力。当合作方能够清晰地了解并信任对方在经费使用上的规范性和透明度时，会更愿意投入更多的资源和精力来共同推进项目的进展。这种信任基础的建立对于长期、稳定的合作关系的形成和发展具有重要意义。

（三）延期支付与违约责任的约定

延期支付与违约责任的约定不仅关乎合作双方的经济利益，更影响着科研项目的顺利进行和合作关系的稳定。

1. 延期支付

延期支付条款的设定是为了应对可能出现的资金周转问题或不可预见的

支付障碍。在科研合作过程中，由于受各种因素的影响，如政策调整、市场变动或技术难题等，合作方可能会面临暂时性的支付困难。此时，延期支付条款便为双方提供了一定的缓冲期，允许在特定条件下延迟支付款项，从而保障项目的持续进行。然而，延期支付并非是无条件的，而是需要双方在合同中明确约定相关的限制条件。例如，可以规定延期支付的最长期限、适用的具体情况以及延期期间是否需要支付额外的利息或违约金等。这些细致的约定有助于平衡合作双方的权益，既体现了对支付困难方的理解与支持，又确保了守约方的利益不受过多损害。

2. 违约责任

与延期支付相对应的是违约责任的约定。在科研合作中，任何一方的违约行为都可能对项目造成严重影响，甚至导致合作关系的破裂。因此，明确违约责任对于维护合同的严肃性和双方的权益至关重要。违约责任的约定应包括违约情形的界定，违约后果的承担以及争议解决机制等方面。具体而言，双方需要明确哪些行为构成违约，如未按时支付款项、擅自改变研究方向等；同时，还应规定违约方应承担的法律后果，如支付违约金、赔偿损失等。此外，为了解决可能出现的争议，双方还可以约定仲裁机构或法院管辖等争议解决方式。

第三节　知识产权转让与许可合同

一、合同主体审查

（一）转让方与受让方的资格审查

在高校知识产权转让与许可合同主体审查中，对转让方与受让方的资格审查是至关重要的一环。这一审查旨在确保合同双方的合法性和交易的有效性，从而保护各方的权益，并降低因合同主体不适格而引发的法律风险。

1. 转让方资格审查

对于转让方的资格审查，应重点关注其是否拥有完整、有效的知识产权。这包括确认转让方是否为所转让知识产权的合法所有者，以及该知识产权是否存在权属纠纷或第三方权利要求。转让方须提供充分的权属证明文件，如专利证书、商标注册证等，以确保其有权进行知识产权的转让或许可。此外，还需审查转让方是否具备签订和履行合同所需的法律资格和行为能力，避免因转让方主体不适格而导致合同无效或引发法律纠纷。

2. 受让方资格审查

对于受让方的资格审查，主要考察其是否具备承接和运营所转让或许可知识产权的能力。这包括受让方的经营范围、资金实力、技术水平和市场渠道等方面。受让方应具备足够的资源和能力来开发、利用和保护所获得的知识产权，以实现合同目的并创造经济效益。同时，受让方的信誉和履约能力也是重要的审查内容，以确保其能够按照合同约定履行义务，保障转让方的合法权益。

（二）双方的权利能力与行为能力评估

在高校知识产权转让与许可合同主体审查中，对双方的权利能力与行为能力的评估是确保合同有效性和可执行性的重要环节之一。这一评估不仅涉及法律层面的合规性，还关乎实际操作的可行性和风险控制。

1. 权利能力

权利能力是指合同主体依法享有权利和承担义务的资格。在高校知识产权转让与许可的语境下，转让方和受让方必须具备相应的权利能力，即有权处分或接收知识产权。这通常要求双方必须是依法成立并有效存续的法人或具备完全民事行为能力的自然人。对于高校作为转让方的情况，需要特别关注其是否拥有独立的法人资格，以及是否有权处置所涉及的知识产权。若高校内部存在多个研究团队或部门，还需明确知识产权的归属和管理权限，避免出现内部权属纠纷。另外需要关注知识产权的权利人是个人还是高校，也就是知识产权是否是职务行为，如果是个人的发明专利转让的话，高校无权干预，也无主体资格。

2. 行为能力

行为能力则是指合同主体以自己的行为取得民事权利和承担民事义务的能力。在知识产权转让与许可合同中，这主要体现在双方能否独立地表达意思，签订合同并履行合同义务。对于高校而言，其行为能力可能受到法律法规、内部规章制度以及教育行政部门的限制。因此，在评估高校的行为能力时，应综合考虑其内部的决策机制，合同签订流程以及是否存在可能影响合同履行的外部监管因素。进一步地，双方行为能力的评估还包括对各自专业能力和业务水平的考量。知识产权的转让与许可往往涉及复杂的技术和法律问题，要求双方具备相应的专业知识和实践经验。例如，转让方能够准确评估知识产权的价值和市场潜力，而受让方则应具备将知识产权转化为实际生产力或商业价值的能力。这些专业能力的评估有助于预测合同履行的可能性和风险点，从而制定相应的风险控制措施。

二、知识产权标的审查

（一）知识产权的类型与范围

在高校知识产权转让与许可合同的审查中，对知识产权标的的细致审查是至关重要的环节，尤其是知识产权的类型与范围。这一审查不仅关乎合同双方的权益保障，更影响着知识产权的有效利用和市场价值的最大化。

1. 知识产权的类型审查

高校所拥有的知识产权可能包括但不限于专利权、商标权、著作权以及技术秘密。每一种类型的知识产权都有其独特的法律属性和保护范围。例如，专利权主要保护发明创造的技术方案，具有独占性和排他性；商标权则保护商品或服务的标识，以维护品牌形象和市场竞争力；著作权关注文学、艺术和科学作品的原创性表达；而技术秘密则涉及未公开的技术信息，如工艺流程、配方等。在审查知识产权类型时，需要特别注意各类知识产权之间的交叉与重叠。例如，一项技术创新可能同时涉及专利权和技术秘密，这就要求在合同中明确界定各类知识产权的边界和使用条件，以避免潜在的权属纠纷。

2. 知识产权的范围审查

知识产权范围的审查主要包括两个方面：一是知识产权所覆盖的具体内容，如专利的具体权利要求、商标的注册类别和商品范围等；二是知识产权的地域性和时间性限制，即在不同的国家或地区，以及在不同的时间段，知识产权的保护力度和范围可能会有所不同。范围的明确性对于后续的知识产权运营至关重要。一个宽泛而模糊的范围描述可能会导致双方在实际操作中产生分歧，甚至引发法律诉讼。因此，在合同中应详细列出知识产权的具体内容，包括但不限于专利号、商标注册号、作品名称，并明确其适用的地域和时间范围。

（二）知识产权的权属清晰性

在高校知识产权转让与许可合同的审查过程中，知识产权的权属清晰性是审查的核心内容之一。权属清晰性不仅关乎合同双方的直接利益，更对知识产权市场的稳定性和交易的公平性起着至关重要的作用。

1. 权属清晰性的定义

权属清晰性，简而言之，是指知识产权的所有权、使用权、经营权等权属关系是否明确、无争议。在高校环境中，由于科研项目的复杂性和多方参与的特点，知识产权的权属问题往往尤为复杂。因此，在知识产权转让与许可之前，必须对权属进行严格的审查。审查时，要确认高校是否真正拥有所声称的知识产权。这通常涉及查验相关的知识产权证书，申请文件以及研发记录等。例如，对于一项专利，需要核实专利申请是否由高校提出，专利证书是否已正式颁发，以及高校是否为该项专利的合法所有人。此外，若知识产权是通过合作研发、资助项目或其他形式的合作产生的，还需审查相关的合作协议或资助协议，以确定知识产权的归属。

2. 排查潜在纠纷

权属清晰性的审查包括对潜在纠纷的排查。由于高校内部可能存在多个研究团队或部门，同一项知识产权可能涉及多个贡献者或利益相关者。这种情况下，必须仔细审查各方之间的协议或约定，以确保不存在权属争议。同时，还需要关注是否存在与第三方的潜在纠纷，如之前的合作方，资助机构或竞争对手是否对该知识产权提出过权利要求或异议。

3. 考虑知识产权的完整性和独占性

除了上述的权属确认和纠纷排查，权属清晰性的审查还应考虑知识产权的完整性和独占性。完整性是指知识产权是否包含了所有必要的技术信息和法律文件，以确保其能够独立地被转让或许可。独占性则是指知识产权是否受到其他权利或技术的限制，如是否存在交叉许可、共有权益或其他形式的共享安排。值得一提的是，权属清晰性的审查不仅是对高校的要求，也是对受让方或被许可方的一种保护。一个权属清晰、无争议的知识产权能够大大降低受让方或被许可方在未来运营中的法律风险和商业风险。

（三）知识产权的有效性与可转让性/可许可性分析

在高校知识产权转让与许可合同的审查中，知识产权的有效性与可转让性/可许可性分析是极为关键的一环。这一分析不仅直接影响合同的法律效力，还关乎合同双方权益的实现及知识产权的商业价值。

1. 知识产权的有效性分析

有效性分析首先关注的是知识产权是否已经依法获得授权，并且目前是否处于法律保护的有效期内。以专利权为例，需还要核实专利证书的真实性，确认专利权是否已经被授予，以及专利年费是否按时缴纳，从而确保专利权未被撤销或失效。对于商标权和著作权，同样需还要查验商标注册证和著作权登记证书等法律文件，确保这些权利处于有效状态。除了权利的有效性，还需要评估知识产权的稳定性。这包括检查是否存在任何针对该知识产权的异议、撤销或无效宣告程序。若存在此类程序，可能会对知识产权的有效性产生负面影响，进而影响其转让或许可的合法性。

2. 知识产权的可转让性分析

可转让性指的是知识产权所有者是否有权将其权利转让给他人，而可许可性则是指知识产权所有者是否有权许可他人使用其权利。对这两者的分析都建立在知识产权法律法规的基础之上。对于可转让性分析，需要审视相关法律法规以及合同条款，确认是否存在限制知识产权转让的规定。例如，某些资助协议或合作协议中可能包含关于知识产权转让的限制条款。同时，还须检查是否存在任何第三方权益，如共有权或质押权，这些都可能影响知识产权的自由转让。

3. 知识产权的可许可性分析

在可许可性分析方面，重点要审查知识产权所有者是否有权授予许可，并明确许可的范围、期限和条件。这涉及对许可合同的细致审查，以确保许可条款的合法性和有效性。同时，还需考虑被许可方的资质和能力，以确保其能够按照许可合同的约定使用和保护知识产权。此外，无论是转让还是许可，都需要对知识产权的商业价值进行评估。这包括分析知识产权的市场需求，竞争状况以及潜在的经济回报。通过商业价值评估，可以为转让或许可价格的确定提供重要依据，从而确保交易的公平性。

三、转让或许可条款审查

（一）转让或许可的方式及范围

在高校知识产权转让与许可合同的审查中，转让或许可条款的审查是核心环节之一。这些条款直接决定了知识产权如何从一方转移到另一方，并界定了被转让或许可的权利的范围，因此对于合同双方都具有至关重要的意义。

1. 知识产权的转让或许可方式审查

知识产权的转让通常意味着权利的所有权的变更，即原所有者将知识产权的全部或部分权利转移给另一方。这种转让可能是独占性的，也可能是非独占性的。在独占性转让中，原所有者不再保留任何使用该知识产权的权利，而在非独占性转让中，原所有者仍保留一定的使用权。审查时，必须明确转让的性质，以确保双方的权益得到妥善处理。与转让不同，许可则是知识产权所有者授权他人在一定条件下使用其知识产权，而所有权仍保留在许可人手中。许可的方式同样多样，包括独占许可、排他许可和普通许可等。在独占许可下，被许可方在特定区域内享有独家使用权，许可方和其他任何第三方都不能在该区域内使用该项知识产权。排他许可则允许许可方和被许可方在特定区域内使用，但排除其他第三方的使用权。而普通许可则是最为灵活的一种方式，允许多个被许可方同时使用同一项知识产权。直白地说，转让也就相当于买卖，许可相当于有条件的租赁。

2. 知识产权的转让或许可范围审查

转让或许可范围的审查涉及知识产权的使用地域、使用期限以及使用方式的界定。地域范围指的是被转让或许可的知识产权可以在哪些地区或国家内使用。使用期限则明确规定了权利的起始和终止时间，对于双方权益的保护至关重要。使用方式则详细说明了被转让或许可的知识产权可以如何被利用，例如用于生产、销售还是仅供研究使用等。在审查这些条款时，必须确保它们的明确性和具体性，以避免未来可能出现的争议。模糊或过于宽泛的条款可能会导致双方对权利的理解产生分歧，进而影响合同的执行。同时，审查者还需要综合考虑法律法规、行业标准以及双方的商业需求，以确保转让或许可条款的合法性和实用性。此外，转让或许可条款的审查还需要关注可能存在的风险点。例如，若转让或许可范围过于宽泛，可能会导致原所有者失去对知识产权的有效控制；而范围过窄则可能限制被转让方或被许可方的商业活动，影响其经济效益。因此，审查者需要在保护原所有者权益和促进知识产权有效利用之间找到平衡点。

（二）转让或许可的期限与地域限制

在高校知识产权转让与许可合同的转让或许可条款审查中，转让或许可的期限与地域限制是两个至关重要的要素，直接关系到知识产权使用的时效性、地理范围以及合同双方的权利与义务，对于保护双方利益，防止知识产权滥用和促进技术的合理传播与应用具有深远意义。

1. 转让或许可期限

关于转让或许可的期限。这一条款规定了知识产权转让或许可使用的时间跨度，从合同生效之日起至终止日期。期限的设定通常基于双方协商一致，并受到相关法律法规的约束。合理的期限设定能够平衡知识产权所有者的权益与被转让方或被许可方的商业需求。过短的期限可能限制被转让方或被许可方的商业活动，不利于其充分利用知识产权创造价值；而过长的期限则可能影响原所有者的利益，特别是当知识产权的市场价值随时间变化时。在审查期限条款时，应特别注意是否存在自动续约或无限期许可的情况。这类条款可能导致合同关系变得不确定，增加未来纠纷的风险。因此，明确、合理的期限设定是维护合同稳定性和可预测性的关键。

2. 地域限制

地域限制是另一重要审查点。地域限制界定了知识产权转让或许可使用的地理范围，这通常涉及不同国家或地区的法律、市场和商业环境。地域限制的设定需要综合考虑多方面因素，包括知识产权的地域性特征，双方的商业布局以及国际市场策略等。合理的地域限制有助于保障知识产权所有者的利益，防止知识产权在未经授权的地区被滥用。同时，它也有助于被转让方或被许可方在特定区域内形成稳定的市场地位，降低商业风险。然而，过于严格的地域限制可能阻碍技术的全球传播和应用，不利于创新资源的优化配置。

（三）转让或许可费用的确定与支付方式

在高校知识产权转让与许可合同的转让或许可条款审查中，转让或许可费用的确定与支付方式是关乎双方经济利益的关键环节。这一环节不仅涉及金额的确定，还包括费用支付的时间、方式等多个方面，对于合同的公平性和顺利执行具有重要影响。

1. 转让或许可费用的确定

转让或许可费用的确定是一个复杂的过程，通常涉及知识产权的市场价值、潜在商业利益、技术先进性、使用范围、期限以及双方的谈判地位等多个因素。在确定费用时，需要综合考虑这些因素，以确保费用的合理性和公平性。市场价值的评估是其中的关键，它通常通过专业的知识产权评估机构进行，以确保评估结果的客观性。除了市场价值，潜在商业利益也是确定费用的重要考虑因素。这涉及被转让或许可的知识产权在未来可能带来的经济收益，包括销售收入、市场份额提升等。技术先进性也是一个不可忽视的因素，先进的技术往往能够带来更高的商业价值，因此在确定费用时需要给予相应的考量。

2. 转让或许可费用的支付方式

支付方式不仅影响双方的资金流，还关系到合同的风险分配和履行情况。常见的支付方式包括一次性支付、分期支付、按使用费支付等。一次性支付适用于金额较小或双方信任度较高的情况，可以简化支付流程，降低后期管理的复杂性。分期支付则适用于金额较大或合同履行周期较长的情况，它可以减轻受让方或被许可方的资金压力，降低合同履行的风险。而按使用费支付则更适用于许可合同，根据被许可方的实际使用情况来支付费用，更加公平合理。在选择支付方式时，还需要考虑税收、汇率等财务因素。不同的支付方式可能会产生不同的税务后果，因此在确定支付方式时需要咨询专业的财税顾问，以确保合规性和经济性。同时，对于跨国交易，汇率波动也是一个不可忽视的风险因素，需要采取相应的风险管理措施来应对。此外，支付方式的明确性和可操作性也是审查的重点。合同中应明确约定支付的具体时间、金额以及支付方式等细节，以避免后期因支付问题而引发纠纷。同时，合同还应规定违约责任和争议解决机制，以确保在支付问题出现时能够及时有效地解决。

第四节　基建工程与修缮合同

一、工程范围与工作内容审查

（一）工程项目的详细描述与界定

在高校基建工程与修缮合同的审查过程中，工程项目的详细描述与界定是极其关键的一环。这一环节不仅直接关系到工程的规模、质量和进度，还影响着合同双方的权责划分以及对后续可能发生的争议的解决。

1. 工程项目的详细描述

工程项目的详细描述需要明确工程的基本信息，如工程名称、地点、总体规模以及预期目标等。这些信息构成了工程项目的基础框架，为后续的具体工作提供了明确的指导。例如，在修缮项目中，应详细描述修缮的对象、范围以及期望达到的标准；在基建工程中，则需阐明建设的类型、用途以及相关的技术指标。

2. 工程项目的界定

工程项目的界定需要考虑三个维度。一是技术维度，即对工程所采用的技术标准、施工方法和质量要求等进行明确。这有助于确保施工过程的规范性和工程质量的可控性。二是时间维度，包括工程的开工时间、竣工时间以及关键节点的时间安排等。这些时间点的设定对于工程进度的把控至关重要，也是评估工程效率的重要依据。三是经济维度，主要涉及工程预算、资金来源以及支付方式等。合理的经济安排能够保障工程的顺利进行，并有效减少因资金问题导致的工程延误或质量下降。此外，工程项目的详细描述与界定还需要考虑法律法规和行业标准的要求。例如，在环保、安全等方面的规定必须严格遵守，以确保工程的合法性和可持续性。同时，通过明确的描述和界定，也有助于合同双方在工程实施过程中更好地沟通协调，减少因理解差异而导致冲突和纠纷。

（二）修缮或建设工作的具体内容与要求

在高校基建工程与修缮合同的审查中，对修缮或建设工作的具体内容与要求进行详尽的审查是至关重要的。这一环节不仅关乎工程质量、进度和成本，还直接影响到合同双方的权益和责任。

1. 修缮或建设工作的具体内容

修缮或建设工作的具体内容需要清晰明确地列出。这包括工程的具体部位、需要修缮或建设的项目、所采用的材料和技术标准等。例如，在修缮项目中，应详细列出需要修复或替换的部件、使用的材料和修复技术等；在建设项目中，则需明确建筑物的结构类型、使用功能、装修风格以及应达到的安全和环保标准等。

2. 对修缮或建设工作的要求

对工作的要求也应进行详尽的规定。这包括工程的质量要求、进度要求、安全要求以及环保要求等。质量要求方面，需要明确各项工程的质量标准，以及如何检验和评估工程质量的方法。进度要求方面，应设定合理的工程进度计划，并明确各个阶段应完成的工作内容和时间节点。安全要求方面，应制定相应的安全措施，以确保工程施工过程中的人员安全。环境要求方面，应制定相应的环保方案，以确保工程施工过程中不会破坏和污染到周边环境。此外，对于特殊工艺或技术要求较高的项目，还应详细说明其操作流程、技术要求以及验收标准等。这有助于确保施工过程的规范性和工程质量的可控性，避免因技术不明确或操作不当导致的工程质量问题。

（三）工程量清单与技术规范的符合性检查

在高校基建工程与修缮合同的工程范围与工作内容审查中，工程量清单与技术规范的符合性检查是一项至关重要的任务。这一检查过程旨在确保合同中列出的工程量清单与项目相关的技术规范相一致，从而保障工程的顺利进行和质量标准的达成。

1. 工程量清单与技术规范

工程量清单作为工程合同的重要组成部分，详细列出了工程项目中各项工作的数量和性质。在进行符合性检查时，必须仔细核对工程量清单中的每一项，确保其准确性和完整性。任何遗漏或错误都可能导致工程实施过程中的纠纷或成本超支。技术规范为工程施工提供了具体的操作指导和质量要求。这些规范通常包括材料使用标准、施工流程、验收准则等。

2. 工程量清单与技术规范的符合性检查分析

在符合性检查中，应将工程量清单中的项目与技术规范进行逐项对比，确保每一项工作都符合相应的技术要求。例如，如果工程量清单中列明了使用某种特定型号的材料，那么技术规范中也应该有相应的说明，并且两者应该保持一致。符合性检查还需要关注工程量清单与技术规范之间的逻辑关系。工程量清单中的项目应该是技术规范中具体要求的体现，而技术规范则应为工程量清单提供详细的操作和质量标准。这种相互关联和支撑的关系有助于确保工程的整体质量和进度。符合性检查不仅是对工程量清单和技术规范的简单核对，更是一个全面评估工程合同有效性和可行性的过程。通过这一检查，可以及时发现并纠正合同中的潜在问题，为工程的顺利实施奠定坚实基础。

二、工期、质量与保修条款审查

（一）工程开工、竣工日期的明确性与合理性评估

在高校基建工程与修缮合同的审查过程中，工程开工、竣工日期的明确与合理性评估是工期、质量与保修条款审查的核心环节。这一评估不仅关乎工程进度和效率，更影响着工程质量的控制和后续保修责任的界定。

1. 工程开工和竣工日期的明确性

工程开工和竣工日期的明确性至关重要。开工日期是工程正式启动的时间点，而竣工日期则是工程预期完成的时间。这两个日期的明确设定，为工程实施提供了一个清晰的时间框架。合同中应详细记录这两个日期，并确保双方对此达成一致。明确的开工和竣工日期有助于避免工期延误的争议，保障工程按计划有序进行。对于开工和竣工日期的合理性评估，需要综合考虑三方面因素。一是要评估施工单位的实际施工能力，包括其人员配备、技术水平以及设备条件等，以确保所设定的工期与其施工能力相匹配。二是要考虑工程项目的复杂性和规模，不同规模和复杂度的工程所需的施工时间自然也会有所不同。三是要关注外部环境因素，如季节性气候影响、政策变动等，这些都可能对工期产生直接或间接的影响。

2. 工程开工和竣工日期的合理性

在进行合理性评估时，还可以借鉴类似工程的经验和数据，通过对比分析来验证所设定工期的科学性和可行性。同时，要充分考虑工程实施过程中

可能出现的风险和不确定性因素，为可能出现的延误情况预留一定的缓冲时间。开工和竣工日期的设定还与工程质量和保修责任密切相关。工期过紧可能导致施工单位为赶工期而忽视工程质量，而工期过松则可能引发效率低下和资源浪费。因此，合理的工期设定能够在保证工程质量的前提下，实现工程效率的最大化。此外，合同中的工期条款还应明确工期延误的责任和赔偿机制。对于因施工单位原因导致的工期延误，应明确其应承担的违约责任和赔偿方式；而对于甲方原因或不可抗力因素导致的工期延误，则应合理调整工期，并明确双方的权利和义务。

（二）工程质量标准与验收流程

在高校基建工程与修缮合同工期、质量与保修条款的审查中，工程质量标准与验收流程是两个紧密相连且至关重要的方面。它们不仅直接关系到工程的质量和安全，还是确保合同条款得以有效执行和保障双方权益的关键因素。

1. 工程质量标准

关于工程质量标准，它是衡量工程是否达到预期要求的一把标尺。高校基建工程与修缮项目往往涉及重要的教育设施和公共环境，因此其质量标准必须严格而明确。在合同中，应详细列出适用的国家或行业标准，并明确各项工程的质量要求。这些标准通常涵盖了结构安全、使用功能、外观质量等多个方面，确保工程的整体性能和耐久性。同时，工程质量标准的设定还需要考虑项目的特殊性和实际需求。例如，实验室、图书馆等特定功能的建筑，可能需要更高的防火、隔音或环保标准。因此，在审查合同时，必须确保这些特殊需求被充分考虑并体现在质量标准中。

2. 工程验收流程

验收流程是确保工程质量符合既定标准的重要环节。工程验收流程应包括初步验收、竣工验收以及可能的分项验收等阶段。在每个阶段，都应明确验收的标准、方法和程序。例如，初步验收侧重于检查工程的整体结构和外观是否符合设计要求，而竣工验收则更加关注工程的细节和功能性。此外，验收流程中还应包括必要的检测和测试环节，以确保工程的质量和安全性能。这些检测和测试可能涉及结构强度、电气安全、消防设施等多个方面，必须由具备相应资质的专业机构进行。

（三）保修期限、范围及责任划分

1. 保修期限

保修期限的设定应综合考虑工程项目的性质、规模和使用频率等因素。保修期限的长短直接影响到工程质量问题的处理和后续维护责任的界定。若保修期限过短，可能导致工程质量问题尚未暴露便已过了保修期，给使用方带来不必要的损失；而保修期限过长，则可能增加施工方的经济负担。因此，合理的保修期限应既能确保工程质量在一段时间内得到保障，又能平衡合同双方的利益。

2. 保修范围

保修范围的明确是避免后续纠纷的关键。保修范围应涵盖工程中可能出现的各种质量问题，包括结构安全、使用功能、防水防漏等方面。同时，对于特定部分或设备的保修要求也应在合同中明确说明。通过详细列出保修范围，可以确保在保修期内出现的任何质量问题都能得到妥善处理。

3. 责任划分

责任划分是保修条款中的核心内容。在保修期内，一旦出现工程质量问题，合同双方应如何承担责任是必须明确的问题。一般来说，施工方应承担修复或更换等补救措施的费用和责任。然而，在某些情况下，工程质量问题可能由使用方的不当使用或维护导致，此时责任的划分就需要更加细致和明确。因此，在合同中应详细规定各种情况下责任的归属和承担方式，以避免后续发生纠纷。此外，保修条款中还应明确保修服务的具体内容和标准。例如，施工方在接到保修通知后应在多长时间内响应并采取措施，修复或更换的质量标准是什么等。这些细节问题的明确有助于确保保修服务的及时性和有效性。

三、材料设备供应与验收审查

（一）材料设备的规格、型号、数量及质量要求

在高校基建工程与修缮合同的审查过程中，材料设备的规格、型号、数量及质量要求的审查是至关重要的环节。这一审查不仅关乎工程的质量和安全，还直接影响到工程的进度和成本。

1. 材料设备的规格和型号审查

关于材料设备的规格和型号，合同中应详细列出每一种材料设备的具体规格和型号，确保其满足工程设计和技术要求。规格和型号的明确有助于施工单位准确采购和安装，避免因材料设备不匹配而导致工程延误或质量问题。同时，规格和型号的详尽描述也有助于后续的验收工作，确保所提供的材料设备与设计图纸和合同要求相符。

2. 材料设备的数量审查

数量的审查同样重要。合同中应明确每一项材料设备的数量，这不仅是成本控制的关键，也是工程进度保障的基础。数量的准确性直接影响到采购计划的制定和施工进度的安排。如果数量不足，可能导致工程无法按计划进行；数量过多，则可能造成资源的浪费和成本的增加。因此，对数量的严格审查有助于确保工程的顺利进行和成本的有效控制。

3. 材料设备的质量审查

质量要求的审查是材料设备审查中的核心环节。高校基建工程和修缮项目对材料设备的质量有着极高的要求，因为材料设备的质量直接关系到工程的安全性、稳定性和耐久性。合同中应明确各项材料设备的质量标准，包括但不限于其强度、耐久性、环保性能。这些质量标准的设定应基于国家或行业标准，并结合工程的具体需求进行适当调整。通过严格的质量要求审查，可以确保所提供的材料设备满足工程设计和技术要求，为工程的质量和安全提供坚实保障。

（二）材料设备的采购、运输与保管责任

在高校基建工程与修缮合同的审查中，材料设备的采购、运输与保管责任是一个不容忽视的重要环节。这一环节不仅直接关系到材料设备的质量和安全，还涉及合同双方的权益和责任。

1. 材料设备的采购责任

材料设备的采购责任是确保工程质量和进度的基础。合同中应明确采购方的责任和义务，包括采购流程、供应商的选择标准以及采购时间的约定等。采购方需严格按照工程设计和技术要求，选择质量可靠、性能稳定的材料设备，并确保其符合相关标准和规范。同时，采购过程中应注重价格与质量的平衡，避免因追求低成本而牺牲材料设备的质量。

2. 材料设备的运输责任

运输责任也是不可忽视的一环。合同中应明确运输方式、运输过程中的安全保障措施以及运输费用的承担方。运输过程中，应确保材料设备不受损坏、丢失或被盗，以免影响工程进度和质量。此外，对于特殊材料设备，如易碎、易燃或有毒物品，还应采取额外的安全措施，并遵守相关法律法规。

3. 材料设备的保管责任

保管责任同样重要。合同中应明确材料设备的存放地点、保管条件以及保管期限等。保管方需确保材料设备在存放期间的安全与完整，防止因保管不当导致的损坏或失效。同时，对于需要特殊保管条件的材料设备还应提供相应的保管设施和环境。

（三）材料设备的验收标准与程序

在高校基建工程与修缮合同中，材料设备的验收标准与程序是至关重要的一环。它不仅关系到工程质量，还直接影响着工程的安全性和后续使用的可靠性。因此，在合同中明确材料设备的验收标准与程序显得尤为重要。

1. 材料设备的验收标准

验收标准是确保进入施工现场的材料设备符合工程设计和技术要求的关

键。这些标准通常涵盖材料设备的外观质量、规格尺寸、性能指标等方面。例如，对于建筑材料，验收标准可能包括抗压强度、耐久性、防火性能等；对于设备，则可能涉及运行稳定性、能效比、安全保护机制等。这些标准的设定应基于国家或行业标准，并结合具体工程项目的特点和需求进行细化，以确保材料设备能够满足工程要求。

2. 材料设备的验收程序

验收程序是保证验收过程规范、公正、有效的关键。一个完善的验收程序应包括初步检查、详细检测、综合评估等环节。初步检查主要是对材料设备的外观、数量、规格等进行核对，确保其与设计图纸和合同要求相符。详细检测则是对材料设备的各项性能指标进行实测，如强度测试、耐久性试验等，以验证其是否符合验收标准。综合评估则是在前两步的基础上，对材料设备的整体质量进行评价，并作出是否通过验收的决定。

四、安全生产与环境保护审查

（一）安全生产责任制的建立与实施

1. 安全生产责任制的建立

安全生产责任制的建立要明确各级管理人员和操作人员的安全生产职责。在高校基建工程与修缮项目中，这一制度的建立旨在通过层层落实责任，确保每一个参与工程的人员都能充分认识到自己在安全生产中的责任，并严格按照安全生产规范进行操作。这种责任制的实施，有助于形成全员参与，共同维护工程安全的良好氛围。

2. 安全生产责任制的实施

在实施过程中，安全生产责任制需要与工程管理的其他环节紧密结合。例如，在工程施工前，应进行详细的安全风险评估，并根据评估结果制定相应的安全措施。这些措施应明确到每一个岗位和人员，确保每个人都清楚自己在安全生产中的具体职责。同时，应定期开展安全生产培训，增强人员的安全意识和操作技能，从源头上减少安全事故的发生。安全生产责任制的实施还需要有效的监督机制作为保障。高校作为业主单位，应定期对施工单位的安全生产情况进行检查，确保其严格按照安全生产责任制进行操作。对于发现的问题和隐患，应及时督促施工单位进行整改，并对整改情况进行跟踪验证，确保问题得到彻底解决。

（二）施工现场的安全管理措施

1. 预防角度

施工现场的安全管理措施需要从预防角度出发，建立完善的安全预警系统。这一系统应包括定期的安全检查、隐患排查以及风险评估等环节。通过这些措施，可以及时发现并解决施工现场存在的安全问题，从而降低事故发生的概率。同时，对施工现场进行合理布局，确保作业区域的安全隔离，也是预防事故的重要手段。除了预防措施，应急救援体系的建立也是不可或缺的一环。在施工现场，应配备必要的急救设备和专业救援人员，以应对可能发生的意外事件。此外，定期的应急演练和培训也能有效提高施工人员在紧急情况下的自救和互救能力。

2. 危险源的识别和管理

在施工过程中，对危险源的识别和管理同样重要。施工单位应对施工现场可能存在的危险源进行全面排查，如高处坠落、触电、物体打击等，并制定相应的防范措施。这些措施包括安装安全网、使用个人防护装备、设立警示标识等，以确保施工人员的安全。此外，施工现场的安全管理措施还需要注重对施工人员的安全教育和培训。通过向施工人员普及安全知识，增强其安全意识和操作技能，可以从根本上减少人为因素导致的安全事故。这种教育和培训应贯穿于施工的始终，确保每一位施工人员都能时刻保持高度的安全意识。

（三）环境保护要求与违规处理

在高校基建工程与修缮合同的安全生产与环境保护审查中，环境保护要求与违规处理是一个不容忽视的重要方面。这不仅关乎校园环境的可持续性发展和生态平衡，还涉及法律法规的遵守以及社会责任的履行。

1. 环境保护要求

环境保护要求应明确并严格执行。高校基建工程与修缮项目在施工过程中，必须严格遵守国家和地方的环境保护法规，确保施工活动不对周边环境造成不良影响。这包括控制施工噪声、减少扬尘污染、合理处理施工废水与固体废弃物等。同时，应优先选择环保型建筑材料和施工工艺，以降低对环境的负荷。

2. 环境保护违规处理

对于环境保护的违规行为，应采取严厉的处理措施。一旦发现有违反环保法规的行为，如非法排放、超标排放或未按规定处理废弃物等，应立即制止并进行整改。对于严重违规行为，应依法进行处罚，并曝光，以起到警示作用。同时，应建立健全内部监督机制，确保施工过程中的环保要求得到有效执行。

3. 环境保护要求与违规处理施工

环境保护要求与违规处理需要注重预防与教育相结合。在施工前，应对施工人员进行环保知识和法规的培训，增强其环保意识和法律意识。在施工过程中，应定期进行环保检查，及时发现并纠正潜在的环保问题。同时，应鼓励施工人员积极参与环保活动，如垃圾分类、节能降耗等，形成良好的环保氛围。此外，高校作为业主单位，在基建工程与修缮项目中应承担起环保监督的责任。高校应建立完善的环保管理体系，明确环保目标和要求，并定期对施工单位的环保工作进行评估和考核。对于环保表现优秀的施工单位，应给予表彰和奖励；对于环保违规的单位，应采取相应的处罚措施，并督促其进行整改。

第五节　校企合作与合作办学合同

一、合作内容与目标审查

（一）合作项目的具体内容与描述

在校企合作与合作办学合同中，合作项目的具体内容与描述是合同审查的关键环节之一。这一部分不仅详细阐述了校企合作的具体项目，也明

确了合作的目标和预期成果，为合作双方提供了清晰的工作指南和合作
蓝图。

1. 精准反映合作领域和重点

合作项目的具体内容与描述需要精准地反映校企双方共同确定的合作领
域和重点。这些领域可能包括但不限于科研合作、人才培养、技术创新、成
果转化。每一项合作内容都应当具体明确，避免出现模糊或歧义的情况。例
如，在科研合作方面，应明确指出研究的方向、目标、方法以及预期的科研
成果；在人才培养方面，则需明确培养的对象、层次、方式以及期望达到的
人才标准。

2. 充分体现校企合作的互补性和共赢性

合作项目的描述需要充分体现校企合作的互补性和共赢性。在描述合作
项目时，应突出双方各自的优势，并阐明如何通过合作实现资源共享、优势
互补。例如，可以详细描述高校如何提供科研支持和人才培养服务，而企业
又如何提供实习实训机会和市场化运作的经验，共同推动项目的成功实施。
此外，合作项目的具体内容与描述还需要关注合作的长期性和可持续性。校
企合作往往不是一次性的交易，而是需要双方长期投入和共同努力的过程。
因此，在描述合作项目时，应考虑到项目的长期发展规划和阶段性目标，以
及如何实现这些目标的具体措施。这有助于确保合作的稳定性和持续性，使
双方能够在长期合作中共同成长和进步。

3. 合作目标的具体化展现

合作项目的描述也是对合作目标的具体化展现。合作目标应该既具有宏
观的指导意义，又能够落实到具体的合作项目中。在描述合作项目时，需要
明确这些项目是如何服务于整体合作目标的，以及通过这些项目的实施，能
够达到什么样的预期效果。这不仅有助于增强合作的针对性和实效性，还能
够激发双方的合作热情和积极性。在审查合作项目的具体内容与描述时，还
需要关注其合法性和合规性。合作项目必须符合国家法律法规和相关政策的
要求，不得存在违法违规的情况。同时，合作项目也应符合高校的办学宗旨
和企业的经营理念，确保合作的正当性和合理性。

（二）合作目标的明确性与可实现性评估

在校企合作与合作办学合同的审查过程中，合作目标的明确性与可实现性评估是极为关键的一环。这不仅关系到合同双方的共同理解和期望，还直接影响到合作的最终成效和长期稳定性。

1. 合作目标的明确性

合作目标的明确性是指合同中关于合作预期成果的描述是否清晰、具体，能否为双方提供一个明确的方向指引。一个明确的合作目标能够确保双方在合作过程中始终保持一致的行动方向，减少因目标模糊而导致的沟通障碍和资源浪费。在评估明确性时，应关注合同中是否详细阐述了合作所要达到的具体目标，这些目标是否可量化、可衡量，以及是否涵盖了合作的主要领域和关键方面。

2. 合作目标的可实现性

合作目标的可实现性同样至关重要。一个过于理想化或不切实际的目标，不仅难以达成，还可能挫伤双方的合作积极性，甚至导致合作关系的破裂。因此，在评估可实现性时，需要综合考虑多种因素，包括双方的资源投入、技术实力、市场环境、政策法规等。合同中应包含对实现目标所需条件，步骤和时间表的明确规划，以确保目标的合理性和可行性。

3. 合作目标明确性与可实现性的实际操作

在实际操作中，明确性与可实现性的评估往往需要借助专业的市场调研和风险评估工具。例如，可以通过市场调研来了解行业趋势，竞争态势以及潜在的市场机会，从而为合作目标的设定提供数据支持。同时，风险评估则有助于识别合作过程中可能遇到的困难和挑战，进而制定应对措施，确保目标的顺利实现。此外，合作目标的设定还应与双方的发展战略和长远规划相契合。高校和企业作为两个不同的组织实体，各自有着独特的发展目标和资源优势。在校企合作中，双方应充分利用彼此的优势资源，共同制定符合双方利益的合作目标。这样不仅能够提升合作的协同效应，还能够增强双方对合作关系的认同感和归属感。

二、合作模式与合作期限审查

（一）合作模式的合法性与合规性

在校企合作与合作办学合同的审查中，合作模式的合法性与合规性是一个至关重要的考量点。这不仅关系到合作本身的正当性与有效性，还直接影响着合作的稳定性和长期发展。因此，对合作模式的深入分析和严格审查，是保障合同双方权益，防范法律风险的关键步骤。

1. 合作模式的合法性审查

合作模式的合法性审查主要是核查合作模式是否符合国家法律法规，教育政策以及相关行业规定。这包括但不限于对合作方式、教学内容、学历认证等方面的法律规定。例如，合作办学项目必须符合国家教育部门的审批要求，确保所授课程，学历及学位的合法性。此外，合作模式中涉及的资金来源，使用及分配也需严格遵守相关财务法规，防止出现非法集资、挪用资金等违法行为。

2. 合作模式的合规性审查

合规性审查侧重于合作模式是否遵循了行业惯例、道德准则以及公序良俗。在校企合作中，双方应秉持诚信原则，避免利用合作进行不正当竞争或损害他人利益。例如，合作模式不应包含任何形式的商业贿赂、利益输送或侵犯知识产权的行为。同时，合作内容也应符合高等教育的宗旨和目标，不得违背教育公平原则，确保所有学生都能获得公平的教育机会。在具体审查过程中，应综合运用法律解释、案例分析等方法，对合作模式的各个细节进行深入解析。对于存在的法律风险点，要及时提出并寻求合理的解决方案。例如，对于可能涉及的知识产权纠纷，应在合同中明确双方的权利和义务，制定详细的知识产权保护条款。

（二）合作期限的合理性及延展条款

在校企合作与合作办学合同的审查中，合作期限的合理性及延展条款的审查占据着举足轻重的地位。这不仅关乎合作的稳定性和持久性发展，更涉及双方权益的保障以及未来可能出现的变数应对。

1. 合作期限的合理性审查

合作期限的合理性审查要考虑合作项目本身的性质和特点。不同的合作项目，其所需的投入时间，产生效益的周期以及可能面临的风险均有所不同，因此合作期限的设定应当与之相匹配。例如，对于一些需要长时间研发或市场培育的项目，较短的合作期限可能无法满足项目发展的需求，反而可能因频繁更替合作伙伴而增加不必要的成本和风险。相反，对于一些短期内即可见效的项目，过长的合作期限则可能导致资源浪费和效率低下。合作期限的合理性还与双方的战略规划和资源配置密切相关。高校和企业作为合作的主体，各自有着不同的发展战略和资源约束。合作期限的设定需要充分考虑双方的实际情况，确保在合作期间能够实现资源的有效整合和优势互补。同时，合作期限也应为双方提供足够的灵活性，以便在必要时能够做出调整，以适应外部环境或内部需求的变化。

2. 合作期限的延展条款审查

至于延展条款的审查，则更多关注的是合作的持续性和应变能力。延展条款通常包括合作期限的延长条件、程序和限制等内容。在设置这些条款时，需要权衡双方的利益诉求和风险承受能力。一方面，延展条款应为双方提供继续合作的可能性和空间，确保在合作项目进展顺利且双方均有意愿继续合作的情况下，能够顺利地延长合作期限。另一方面，延展条款也应设定一定的条件和程序，以防止一方利用延展条款损害另一方的利益或强加不合理的合作条件。

3. 实际操作

在实际操作中，合作期限和延展条款的设定往往需要经过多次协商和权衡。合同双方应充分沟通各自的诉求和预期，明确合作的目标和愿景，以便制定出既符合双方利益又具有可操作性的合作期限和延展条款。同时，合同审查人员也应具备丰富的法律知识和实践经验，以便能够准确地识别潜在的风险点并提出合理的改进建议。此外，延展条款还应考虑市场变化、技术进步等外部因素对合作的影响。例如，当某个行业的技术标准或市场需求发生变化时，双方可能需要调整合作内容和期限以适应新的环境。延展条款应为此类情况预留空间，确保合作的灵活性和可持续性。

三、双方权利与义务审查

（一）高校方的权利与义务

在高校的校企合作与合作办学合同中，高校方的权利与义务是审查的重点内容之一。这不仅关乎高校自身的权益保障，也直接影响到合作项目的顺利推进和合作效果的达成。

1. 校企合作中的权利与义务

高校作为教育和科研的重要阵地，其在校企合作中拥有独特的资源和优势。高校方拥有深厚的学术积淀和科研实力，能够为合作项目提供强大的智力支持。这包括提供专业的学术指导，研发创新技术以及为项目提供必要的科研设施等。高校方的这些权利不仅体现了其学术地位，也是合作项目取得成功的重要保障。同时，高校方还承担着重要的教育职责。在校企合作中，高校需要为学生提供优质的教学资源和实践机会，确保学生在合作项目中能够获得实际的操作经验和技能提升。这包括安排学生参与项目实践，提供必要的课程培训和指导，以及为学生颁发相应的学历或技能证书等。这些义务体现了高校作为教育机构的基本职责，也是校企合作中不可或缺的一环。高校方在校企合作中还扮演着桥梁和纽带的角色。高校需要积极与企业方沟通协商，确保合作项目的顺利推进。这包括及时传达项目进展，解决合作过程中出现的问题，以及为企业提供必要的人才和技术支持等。高校方的这些沟通协调义务有助于增强校企之间的信任与合作，推动合作项目向更深层次发展。

2. 知识产权方面的权利与义务

高校作为知识产权的重要场所，其知识产权的归属、使用、转让等问题是合同审查的重点。合同中应明确科研成果，学术论文等知识产权的归属，究竟是归属高校、研究团队、还是合作方。同时，对于知识产权的使用范围、方式、期限等也应作出详尽规定，以防后续产生权属纠纷。高校在合同中应承担起保护知识产权的义务，包括对研究成果的保密、对学术不端行为的防范等。合同规定，在任何情况下，高校都不得泄露或非法使用对方的商业秘密或技术秘密。这一义务对于维护学术道德、保护创新成果具有重要意义。合同还需明确知识产权侵权的责任承担。一旦因高校方面的过失或故意行为导致知识产权被侵犯，高校应承担相应的法律责任，包括但不限于赔偿损失、停止侵权行为。这样的规定能够促使高校更加严谨地管理其知识产权，减少侵权行为的发生。

（二）企业方的权利与义务

在高校的校企合作与合作办学合同中，企业方的权利与义务是确保合作项目顺利进行和达成预期目标的关键要素之一。企业方作为合作的一方，拥有独特的行业经验和市场资源，这些优势和资源为校企合作项目提供了宝贵的支持和补充。

1. 科研和教育

企业方的首要权利是能够充分利用高校的科研和教育资源，包括但不限于专业知识、研发能力和优秀人才。通过与高校合作，企业可以获得最新的科研成果和技术支持，从而提升自身的创新能力和市场竞争力。同时，企业方在合作过程中有义务提供必要的资金、设备和场地等支持。这些资源的投入是校企合作项目得以实施和推进的重要保障。企业方应根据合同约定，按时足额提供所需资金，并确保所提供的设备、场地等符合合作项目的实际需求。此外，企业还有责任为高校学生提供实习、实训等实践机会，帮助学生更好地将理论知识与实践相结合，提升实际操作能力。

2. 合作项目

在合作过程中，企业方还享有对合作项目的管理和监督权利。企业有权参与项目的决策过程，对项目的实施进度、资金使用等情况进行监督和检查。这有助于确保合作项目能够按照既定目标顺利进行，并及时发现和解决可能出现的问题。同时，企业方也有义务遵守合同约定，不干涉高校方的正常教学和管理活动，维护合作的和谐与稳定。

3. 知识产权

在知识产权方面，企业方同样拥有相应的权利与义务。企业有权保护其在商业机密、专有技术等方面的知识产权，防止这些资产被非法泄露或滥用。同时，企业也有义务与高校方共同明确知识产权的归属和使用方式，确保双方在合作过程中能够公平、合理地分享创新成果。这有助于激发双方的创新活力，推动校企合作向更深层次发展。

（三）双方权利与义务的均衡性评估

在高校的校企合作与合作办学合同中，双方权利与义务的均衡性评估是确保合同公平、合理并得以顺利执行的关键环节。这种均衡性不仅关乎合作双方的利益分配，更影响着合作的稳定性与长期性。

1. 均衡性的意义

均衡性意味着高校与企业双方在合作中应享有相等的权利和应承担相应的义务。高校作为学术与科研的殿堂，拥有深厚的专业知识和研究能力，其主要权利在于保持学术独立性和教育自主性，同时为企业提供科研支持、人才培养等服务。而企业则以其市场敏锐度、资金实力和产业经验为优势，主要权利在于获得高校的智力支持，推动技术创新和产品开发，同时有义务为高校提供实习实践平台、资金支持以及市场需求反馈等。

2. 均衡性评估

在评估均衡性时，应重点考察合同条款是否充分体现了双方的核心利益和关切，是否对各自的权利和义务进行了明确且合理的界定。例如，高校在提供科研服务时，应获得相应的研究经费和成果转化收益，以确保其科研活动的持续性和创新动力；而企业在享受高校智力资源的同时，也应承担起推动技术转化、保护知识产权等义务，以维护合作的稳定性和双方的共同利益。均衡性还要求合作双方在风险分担和利益分配上达到一种动态的平衡。由于校企合作往往涉及技术研发、市场推广等不确定性较高的领域，因此合同中应明确双方在面临风险时的责任划分和应对措施。同时，在利益分配上，应充分考虑双方在合作中的实际贡献和投入，确保利益分配的公平性和激励性。此外，均衡性的评估还需关注合作双方的发展需求和战略规划。高校可能更侧重学术声誉的提升，科研成果的转化以及学生实践能力的培养；而企业则可能更注重市场占有率的扩大，技术创新的推进以及经济效益的提升。

四、教学资源与设施投入审查

（一）教学资源的配置与共享机制

在高校的校企合作与合作办学的过程中，教学资源的配置与共享机制审查是确保教学质量和合作效果的关键环节。这一环节不仅关乎高校与企业之间的资源互补和优化配置，还直接影响到学生的学习效果和实践能力的提升。

1. 教学资源的配置与共享机制分析

教学资源的配置需要充分考虑高校和企业的实际需求和优势。高校拥有丰富的学术资源和教育经验，能够提供系统的理论知识和研究方法；而企业则具备实践经验和市场洞察力，能够为学生提供真实的职业环境和实操机会。在资源配置时，应确保高校的理论教学与企业的实践教学有机结合，形成优势互补，从而提升学生的综合素质和专业能力。共享机制的建立是实现教学资源高效利用的重要途径。高校与企业之间应建立起良好的沟通与协作机制，确保教学资源的共享能够顺利进行，包括教学计划的共同制定、课程内容的相互衔接、教学设施的共享使用等方面。通过共享机制，可以有效地避免资源的重复建设和浪费，提高教学资源的利用效率。教学资源的配置与共享还需要注重公平性和可持续性。公平性体现在确保学生获得均等的教学资源和机会，不受任何歧视或偏见。可持续性则要求高校与企业在合作过程中不断更新和完善教学资源，以适应行业发展和市场需求的变化。这包括定期更新课程内容、提升教学设施的质量和功能等方面。

2. 教学资源配置与共享机制审查

在教学资源配置与共享机制的审查中，还需要关注以下几个方面：一是教学资源的有效利用情况，是否存在闲置或浪费现象；二是教学资源的质量保障措施，是否能够满足教学需求并保证学生的学习效果；三是共享机制的长期稳定性和可持续性，是否能够应对各种挑战和变化。此外，审查过程中还应考虑教学资源配置与共享机制对教学质量的影响。优质的教学资源能够提升学生的学习兴趣和动力，而高效的共享机制则能够促进学生、教师和企业之间的交流与互动，从而提高教学效果和学生的学习成果。

（二）教学设施的投入与使用约定

在高校的校企合作与合作办学的过程中，教学设施的投入与使用约定是确保顺利进行教学活动，提升教学质量的重要保障。

1. 教学设施的投入

教学设施的投入需要充分考虑合作项目的具体需求。高校与企业在签署合同时，应明确双方在教学设施方面的责任和义务。高校通常拥有丰富的教学设备和实验室，这些设施为学生提供了良好的学习环境和实践机会。然而，在校企合作中，可能还需要企业投入特定的设备或技术，以满足实际教学的需要。因此，在合同中应明确约定教学设施的投入标准、数量、质量以及更新换代的计划。

2. 教学设施的使用约定

教学设施的使用约定也是至关重要的。这涉及设施的开放时间，使用方式，维护保养以及损坏赔偿等多个方面。高校和企业应共同制定详细的使用规范，确保教学设施能够得到合理、高效的利用。例如，可以约定企业提供的设施在高校的正常教学时间内优先供学生使用，而在课余时间则可以用于企业的研发或生产活动。此外，双方还应就设施的维护和保养责任达成一致，以确保设施的长期稳定运行。

3. 教学设施的投入与使用约定审查

在教学设施的投入与使用约定中，还需要特别关注知识产权的问题。一些教学设施可能涉及专利技术或软件著作权等知识产权，因此在合同中应明确这些设施的使用范围和方式，避免引发知识产权纠纷。同时，双方还可以约定在教学过程中产生的新的知识产权的归属和使用方式，以保护和鼓励创新。此外，教学设施的投入与使用约定还应考虑到可持续发展的因素。随着科技的不断进步和行业的快速发展，教学设施也需要不断更新换代以适应新的教学需求。因此，在合同中应明确设施的更新计划和资金来源，确保教学设施能够始终保持与时俱进。需要强调的是，教学设施的投入与使用约定不仅仅是一份合同义务，更是高校和企业共同承担的教育责任。双方应本着互利共赢、共同发展的原则，真诚合作、密切配合，共同为培养高素质人才贡献力量。通过明确约定和严格执行合同条款，可以确保教学设施的充足投入和高效使用，从而提升教学质量和效果，实现校企合作的双赢。

第五章　合同中的关键法律条款审查

第一节　主体资格与授权委托

一、主体资格审查

（一）高校方的主体资格审查

1. 合法有效的证明文件

高校是普通高等学校的简称，就我国现状而言，实施普通高等教育的教育机构主要有：全日制大学、学院、高等职业技术学院/职业学院、高等专科学校。大学、学院主要实施本科层次教育；高等职业技术学院/职业学院、高等专科学校主要实施专科（高职高专）层次教育。在高校合同主体资格审查的过程中，法人证书及办学许可证的查验是极为关键的环节之一。这两项证书的核查，不仅涉及高校的法律地位和办学资质，更是确保合同有效性和合法性的基础。

法人证书是高校作为独立法律实体的证明，它赋予了高校在民事活动中独立享有权利、承担义务的资格。在查验法人证书时，应重点关注证书的真实性、有效性和完整性。通过核对证书上的信息，如高校名称、住所、法定代表人等，可以确认高校的基本身份信息和组织架构。同时，法人证书的有效期限也是必需关注的内容，以确保在合同签订期间，高校的法人资格处于有效状态。

办学许可证是教育主管部门颁发给高校的行政许可，证明高校具备从事教育教学活动的资质。在查验办学许可证时，应着重检查许可证的级别、类型和所允许开设的专业或课程。这些信息直接关系到高校的教学质量和教育资源的配置，也是评估高校履约能力的重要依据。此外，办学许可证的有效性和续展情况同样不容忽视，以避免因许可证过期或未及时更新而导致的合同风险。

2. 高校的内设机构

高校的内设机构不具备对外独立签署合同的主体资格。高校作为一方主体法人，对外开展经济社会活动，需要遵守法律法规的约束，能独立承担民事义务享有民事权利。但是高校是个庞杂的机构，其有内部管理控制体系，如二级学院、图书馆、教务处等职能部门，但是这个下设的二级单位不具备独立法人资格，没有资格对外代表学校或者其部门去签订民事合同。高校合同审查过程中，如果是二级部门作为合同一方主体，需要高度重视并明确高校内设的二级部门是否具有独立的法人资格，是否能承担相应的民事权利与义务，否则该类合同可能构成无权代理或者有违约责任风险，不利于高校的声誉和持续发展。在实际工作中，需要提醒合同的承办部门，如果要以高校的名义对外签署协议，合同的一方主体必须是具备法人资格的高校，而非高校的内设部门。

3. 高校的主要职责

高校主体资格审查过程中，需要纵观合同文本，找到高校和合作方的合作主题与合作内容，尤其是合作内容，高校是否具备相应的资质和条件，避免履约不能或者违约的法律风险。这其中就需要明确一个内容，高校的主要职责是什么，高校作为国家教育人才科技"三位一体"战略的重要组成部门，是我国国民教育的龙头，承担着为党育人为国育才的时代大任。"立德树人"是高校的根本任务，也就是说和高校人才培养相关的合同，高校是有相应的主体资格的，如，校企合作协议、实习协议、联合培养人才协议等。科学研究、服务地方经济区域经济，反哺经济社会的发展是高校另外一个非常重要的职责，也就是说一些技术研发合同，横向科研项目合同等都是此类范畴。这类职责的审查不仅要审查形式，更重要的是审查相关的合作内容。例如，一个建筑类普通高等院校所签订的一份服务地方经济的科研合作协议是技术研发和技术合作。但是深究合同文本内容就会发现施工字眼，可是建筑类的普通高等院校是不具备施工资格的。这类合同如果审查不严格，对于该所高校来讲，将是很大的法律风险隐患，甚至是灾难。因为建筑工程类的合同动辄上亿元的资产或者项目，虽说是在这类合同中承担一小部门的技术合作如某个上亿元造价的桥梁的设计。由于主体资格不适格，一旦该桥梁因质量缺陷造成事故，那么该高校将万劫不复。因此，在高校合同审查过程中，既要重视形式审查又要重视内容审查，特别是要注意职责、资质等问题，要明确高校作为教书育人、科学研究、服务地方经济的重要载体，对外签署协议时不能超越此范围。

（二）合作方的主体资格审查

1. 合法有效的证明文件

与高校合作的主体包括：企业、科研院所、高校、个人、社会团体等。合作主体类型多，范围广。资格审查的过程就显得尤为重要，高校合同承办部门要在合同谈判阶段就认真核实对方的主体资格，法务人员要始终提高警惕，通过线上线下途径认真核对主体资格，如企查查、天眼查、工商登记等信息，多方确认核实。对于法人单位来说，能够证明主体资格的文件包括：法人证书或者企业的营业执照；对于自然人来说，能够证明主体资格的证件是身份证。要确保合作方具备主体资格，能够独立享有民事权利独立承担民事义务，以降低高校的法律风险。高校在日常运营过程中也会和自然人发生社会联系，如高校报废资产的处理。通过一定的资产处理程序，比如招标、拍卖等方式，某些废品收购商（自然人）会成为合作方。这个时候也需要签订协议来约束双方的行为，审查其身份证件和相应的资产情况就极为重要，关乎高校的资产报废工作能否顺利完成、高校的合法权利保护是否到位。

2. 特殊资质

高校作为一个特殊的社会法人,除教书育人、科学研究和服务地方经济外,也会和社会的各行各业有联系。比如高校水电暖气等基础设施的建设保养维修、电梯维修保养、消防设施的维修保养、实验室特种设备的检修等工作,会和社会单位签署相应的协议。这类协议具有特定的专业性和资质要求,签订合同除进行上述一般性的主体资格审查外,还需要对方提供相应的资质证书,否则无法有效完整地保障高校的合法权益。比如,高校实验室内的燃气实验设备需要供气、改动线路需要施工,这种合同合作方必须具备相应的资质才能确保高校实验室的安全合法、才能保证高校的教学科研活动顺利进行。

二、授权委托审查

(一) 授权委托书内容与格式审查

1. 委托人、受托人信息核对

高校合同授权委托书内容与格式的审查特别是对委托人与受托人信息的核对是确保高校法务工作严谨性、合法性及权益保护的关键步骤。在这一过程中,需要对委托书中的各项信息逐一进行核查,确保其准确无误,从而有效规避潜在的法律风险。

(1) 委托书格式审查

关于委托书格式审查,必须严格按照法律规定的格式要求进行。这包括但不限于标题、正文、签名及日期等各部分的规范性和完整性。格式的规范性不仅体现了法律文件的正式性,更有助于在后续可能出现的法律纠纷中提供有力的证据支持。委托人信息的核对是审查工作的重中之重。这包括委托人的全称、法定代表人、注册地址等基本信息。这些信息是确认委托人身份和法律地位的关键,也是确保合同有效性的基础。在核对过程中,必须确保所有信息的真实性和准确性,以免因信息错误而导致法律纠纷。

(2) 受托人信息核对

受托人信息的核对同样不容忽视。受托人的姓名、职务、联系方式等信息必须详细且真实。这些信息不仅关系到受托人是否有权代表委托人行使相关权利，还直接影响到后续合同履行的顺畅性。因此，在审查过程中，必须对受托人的信息进行严格把关，确保其具备合法的代理资格。通过委托人、受托人信息的核对，可以进一步验证授权委托书的真实性和合法性。这一步骤对于保护高校的合法权益至关重要，因为任何信息的错误或遗漏都可能导致高校在合同履行过程中陷入被动，甚至面临法律风险。

2. 委托事项、权限及时限明确性评估

高校合同授权委托书的内容与格式审查中，对委托事项、权限及时限的明确性评估是至关重要的环节之一。这一评估旨在确保委托书的法律效力，并明确受托人在执行委托事项时的具体职责与权利范围，以及完成任务的时间限制。

（1）委托事项

关于委托事项的明确性，必须确保委托书中详细描述了具体的任务或事务。这种明确性有助于受托人准确理解其需要完成的工作，并减少因误解或歧义而引发的执行偏差。同时，明确的委托事项也为后续的合同执行和纠纷解决提供了清晰的参考依据。

（2）受托人权限及时限

对受托人的权限进行明确界定是保护高校利益的关键。权限的明确性不仅限定了受托人的行动范围，防止其超越职权，还能确保受托人在执行任务时不会损害高校的利益。这种权限的界定需要在委托书中清晰阐述，以便受托人明确知道自己在处理委托事项时的权利与责任。时限的明确性对于确保合同的高效执行至关重要。在委托书中设定明确的时间限制，可以促使受托人在规定的时间内完成任务，避免拖延或效率低下。同时，时限的设定也有助于高校对受托人的工作进度进行监督和管理，确保合同目标的顺利实现。

（二）授权委托的合法性与有效性验证

1. 委托人签字、盖章的真实性核实

在高校合同授权委托的合法性与有效性验证过程中，对委托人签字、盖章的真实性进行核实，是至关重要的一环。这一步骤不仅关乎合同法律效力的确认，更是对高校权益的重要保障。

（1）委托人签字和盖章的真实性

从法律角度来看，委托人的签字和盖章是表达其真实意愿、确认合同条款的重要方式。因此，签字与盖章的真实性直接关系到合同的法律效力。若签字或盖章存在伪造或篡改情况，将导致合同无效，甚至可能引发法律纠纷。签字与盖章的真实性核实也是防范合同欺诈行为的关键手段之一。在商业活动中，不乏有人利用伪造签字或盖章来谋取不正当利益。对高校而言，确保合同对方的签字与盖章真实，是避免陷入欺诈陷阱、保障自身权益的必要举措。

（2）签字与盖章的真实性核实

在进行签字与盖章的真实性核实时，应采取科学严谨的方法。例如，通过比对签字或盖章的样式、字迹等特征，或者利用专业技术手段进行鉴定。同时，可以结合其他证明材料，如公证书、身份证明等，来进一步确认签字与盖章的真实性。值得一提的是，随着科技的发展，数字化签名和电子印章的应用也越来越广泛。这些新型签名方式不仅提高了签字的便捷性，还在一定程度上提高了签字的安全性。然而，对于这类数字化签名，同样需要采取相应的技术手段进行真实性验证，以确保其法律效力。

2. 委托期限与合同有效期的一致性检查

在高校合同管理中，对合同授权委托的合法性与有效性进行验证是至关重要的。其中，委托期限与合同有效期的一致性检查，是这一验证过程的核心环节。委托期限，即受托人被授予权限的时间范围，而合同有效期则是指整个合同从开始到终止的法定时间段。这两者之间的一致性，直接关系到合同的执行效率和法律效力。从法律逻辑上看，委托期限应当被完全包含在合同有效期之内，以确保受托人在合同规定的期限内行使权利，并保证合同的稳定性和持续性。

检查委托期限与合同有效期的一致性，有助于避免因时间错位导致的合同执行困难。若委托期限超出了合同有效期，那么受托人在合同到期后继续行使权力就构成无权代理，这将使高校面临法律风险。并且，如果委托期限过短，可能导致受托人无法在规定时间内完成委托任务，进而影响合同的正常履行。这种一致性检查还有助于维护合同的严肃性和权威性。合同作为双方共同遵守的法律文件，其有效期是双方协商一致的结果。若委托期限与合同有效期不一致，将可能破坏合同的平衡性和稳定性，损害合同双方的信赖利益。

（三）受托人资格与能力评估

1. 受托人资质、经验与信誉度考察

高校合同受托人资格与能力评估中，对受托人的资质、经验与信誉度的深入考察，是确保合同顺利执行和高校利益得到最大化保障的关键环节之一。

（1）受托人的资质、经验

受托人的资质是衡量其是否具备承担合同任务的基本条件。这包括但不限于受托人所拥有的专业资格认证、技术等级以及相关的教育背景。一个具备高级专业资质和深厚学术背景的受托人，无疑能够更准确地理解高校的需求，从而提供更为精准、高效的服务。经验是评估受托人能力的重要参考因素。具有丰富行业经验的受托人，通常能够更快速地应对各种突发状况，提出切实可行的解决方案。他们在以往的项目中积累的实践知识和操作技巧，将极大地提升合同执行的效率和成功的概率。

（2）受托人的信誉度

信誉度是评价受托人是否值得信赖的重要因素。一个拥有良好信誉度的受托人，通常意味着其在业界具有较高的口碑和广泛的认可。这种信誉度不仅来源于受托人过去的表现，还与其一贯的工作态度、职业道德以及客户服务质量密切相关。高校在选择受托人时，通过对其信誉度的考察，可以在一定程度上预测其未来履行合同的可能性，从而降低合作风险。

2. 受托人履行委托事项能力分析

在高校合同受托人资格与能力评估中，对受托人履行委托事项能力的深入分析，是评价其是否能胜任合同任务，确保合同目标实现的关键环节之一。

（1）受托人的专业知识储备

受托人的专业知识储备是履行委托事项的基础。高校合同往往涉及特定领域的研究、教学或管理服务，这就要求受托人必须具备扎实的专业理论知识和实践经验。通过考察受托人的教育背景、学术成果以及行业动态了解程

度，可以初步判断其是否具备完成合同任务所需的专业素养。技能水平的高低直接影响到受托人履行委托事项的效率和质量。这包括受托人的沟通协调能力、项目管理能力、数据分析能力等。这些技能在合同执行过程中发挥着至关重要的作用，如受托人能否与高校相关部门顺畅沟通、能否合理安排工作进度和资源分配、能否对合同执行过程中的数据进行科学分析等。

（2）资源配置能力

资源配置能力也是评价受托人履行委托事项能力的重要指标之一。高校合同通常涉及多方面的资源投入，包括人力、物力、财力等。受托人需要根据合同任务的具体要求，合理配置和利用各种资源，以确保项目的顺利进行。这就要求受托人不仅要有丰富的资源储备，还要具备高效的资源整合和利用能力。风险管理能力是受托人履行委托事项不可或缺的能力之一。在高校合同履行过程中，可能会遇到各种不确定因素和潜在风险，如技术难题、市场波动等。受托人需要具备敏锐的风险意识和应对能力，能够及时发现并妥善处理各种风险事件，确保合同目标的顺利实现。

第二节　双方权利与义务的明确

一、高校方权利与义务审查

（一）高校方权利条款分析

1. 教学与科研相关权利

在高校合同中，对高校方的教学与科研相关权利进行审查，是确保合同内容合法、合规，并充分保障高校自主权和学术自由的重要环节之一。

（1）教学与科研活动

高校作为教育和科研机构，其教学与科研活动具有高度的专业性和自主性。因此，在合同中明确高校方的教学与科研相关权利，是尊重和保护高校学术独立性的体现。这些权利包括但不限于：自主制定教学计划、选择教学方法和教材、开展科学研究、发表学术论文、申请科研项目。审查高校方的教学与科研相关权利，有助于防范合作方可能对高校教学和科研活动产生的干扰或限制。例如，在合同中应明确禁止合作方无故干涉高校的教学安排、科研方向或学术成果的发表。同时，也要确保高校在合作过程中的教学和科研活动的独立性和自主性不受外部不良影响。

（2）明确高校方的教学与科研相关权利

通过合同明确高校方的教学与科研相关权利，还有助于规范双方的合作行为，减少因权利界限不清而引发的纠纷。在合同中详细列明高校在这些方面的权利，可以为双方在合作过程中的行为提供明确的指引，确保合作的有序进行。随着高等教育和科研活动的不断发展，高校的教学与科研相关权利也在不断拓展和深化。因此，在审查合同时，还应关注这些权利的时代性和发展性，确保合同内容能够适应高校教学和科研活动的新需求和新变化。

2. 知识产权相关权利

在高校合同审查中，对高校方的知识产权相关权利进行细致审查是至关重要的。知识产权作为高校科研和教学成果的重要体现，其保护和管理不仅关系到高校的切身利益，也是激励创新和保障学术进步的关键因素之一。

审查高校合同中的知识产权相关权利，有助于明确高校对其创造或拥有的知识产权的所有权、使用权、收益权和处分权。这些权利是高校作为知识产权创造者和持有者的基本权益，必须在合同中得到明确体现和保护。通过审查可以确保高校在合作过程中对其知识产权的充分控制和管理。合作过程中，往往涉及知识产权的共享、转让或许可等复杂情况，合同中应明确约定这些行为的条件、范围和方式，以避免知识产权的滥用或流失。

知识产权的审查还有助于预防和解决潜在的知识产权纠纷。在科研合作或技术转移等场景下，明确界定知识产权归属和使用权限，可以有效减少因权利不清而引发的法律争议，保障高校合法权益不受侵犯。随着知识经济时代的到来，知识产权已成为高校核心竞争力的重要组成部分。因此，在合同中明确高校的知识产权相关权利，也是提升高校整体竞争力，促进科技成果转化和推动产学研（产业、学校、科研机构）深度融合的必由之路。

3. 合同履行过程中的监督权

在高校合同审查中，对高校方在合同履行过程中的监督权进行详细的审查，是保障合同有效执行、维护高校利益以及防范潜在风险的重要环节。监督权，作为高校方的一项关键性权利，其在合同履行过程中起到了至关重要的作用。

（1）保障合同有效执行

合同履行过程中的监督权是高校方确保合同按照既定条款和条件执行的有力手段。通过行使监督权，高校可以实时跟踪和监控合同的执行情况，包括合作方的工作进度、质量标准以及资源使用情况等。这种监督不仅有助于高校及时发现并纠正合作方在履行过程中可能出现的偏差或问题，还能确保合同目标的实现，符合高校的期望和要求。

（2）维护高校利益

监督权也是高校方保护自身权益、防止合作方违约行为的重要保障之一。在合同履行过程中，合作方可能会因各种原因而无法完全履行合同义务，这时高校方通过行使监督权，可以及时发现并采取措施防止损失扩大。同时，对于合作方可能出现的欺诈、懈怠或其他不当行为，高校方也可以利用监督权进行制约和纠正，从而维护合同的公平性和自身的合法权益。

（3）防范潜在风险

监督权的行使有助于高校方收集合同履行过程中的重要信息和数据，为之后的合作提供参考和依据。通过对合作方履行合同情况的监督和分析，高校还可以更加深入地了解合作方的专业能力、工作效率以及信誉状况等，这对于高校防范潜在风险，选择合作伙伴，制定合作策略以及优化合同管理流程都具有重要的指导意义。

（二）高校方义务条款分析

1. 提供必要条件与资源的义务

在高校合同审查中，对高校方提供必要条件与资源的义务进行详细的审查，是确保合同顺利履行、合作项目成功实施以及维护合同双方权益的关键环节之一。这一义务涉及高校为合同的履行提供必要的设施、设备、人员、技术以及其他相关资源，以确保合作项目能够按照既定目标和计划顺利推进。

（1）高校作为合作方的基本责任

提供必要条件与资源的义务是高校作为合作方的基本责任。在科研合作、教学交流或技术转移等项目中，高校通常拥有丰富的学术资源、研究设施和专业人才，这些都是合作项目成功实施所不可或缺的条件。通过履行合同中的这一义务，高校能够为合作方提供稳定、高效的工作环境，从而保障项目的顺利进行。这一义务的履行有助于提升合作项目的质量和效率。高校提供的必要条件与资源往往直接影响合作项目的执行效果。例如，先进的实验设备和研究场所能够确保科研实验的准确性和可靠性，师资和技术人员则能为项目提供专业的指导和支持。这些资源的投入不仅能够加快项目的进度，还能提升项目的整体质量。

（2）社会责任的体现

高校履行提供必要条件与资源的义务也是其作为社会责任的体现。高校作为社会公共机构，承担着培养人才、服务社会的重要使命。通过为合作项目提供必要的条件和资源，高校不仅能够推动科研和技术的进步，还能为社会创造更多的价值，实现其社会责任和使命。然而，值得注意的是，高校在履行这一义务时也需要合理规划和调配资源，确保资源的有效利用和可持续发展。同时，高校还应与合作方建立良好的沟通机制，及时了解合作方的需求和反馈，以便更好地调整和优化资源配置。

2. 支付合同款项的义务

支付合同款项的义务，作为高校在合同履行过程中的核心经济责任之一，其履行情况直接关系到合作方的利益保障和合同的整体执行效果。

（1）保障合作项目顺利进行

支付合同款项的义务体现了高校作为合同一方的诚信原则。按照合同约定的时间节点和金额支付款项，是高校对合作方承诺的兑现，也是维护自身信誉和声誉的必然要求。这种诚信行为有助于建立合同双方稳固的合作关系，并为以后的合作奠定良好的基础。履行支付合同款项的义务是保障合作项目顺利进行的关键。合作方往往依赖于合同款项的及时支付来维持项目的正常运转，包括人员薪酬、材料采购、设备维护等方面的支出。若高校未能按时支付款项，可能会导致合作方资金链断裂，进而影响项目的进度和质量。因此，高校必须严格遵守支付义务，确保合作项目不受资金问题的困扰。

（2）提升高校财务管理的透明度和效率

支付合同款项的义务也是高校财务管理和内部控制的重要组成部分。通过规范支付流程，加强预算管理和资金使用监督，高校可以确保合同款项的支付符合相关法律法规和内部规章制度的要求，防止财务风险的发生，并提升高校财务管理的透明度和效率。随着高等教育国际化程度的加深和产学研（产业、学校、科研机构）合作模式的创新，高校与外部机构的合作日益频繁。在此背景下，高校支付合同款项的义务显得尤为重要。它不仅关系到高校与合作方的直接经济利益，还影响着高校在国际教育市场和科研合作领域的声誉和地位。

3. 保密与合作方信息保护的义务

在高校合同审查中，对高校方承担的保密与合作方信息保护的义务进行细致审查，是极为关键的一环。这一义务不仅涉及对敏感信息的严格控制，更关乎知识产权保护、商业机密维护以及合作双方长期信任关系的构建。

（1）保密义务

保密义务要求高校在合作过程中对所有涉及的机密信息、专有技术或商业策略等敏感数据予以严格保密。这类信息的泄露可能会对合作方造成重大经济损失，甚至破坏其市场竞争力。因此，高校必须建立起一套完善的保密机制，包括但不限于物理隔离、访问控制、数据加密等措施，以确保这些信息在传输、存储和使用过程中的安全性。

（2）合作方信息保护义务

合作方信息保护义务强调高校对合作方提供的个人信息、企业数据等敏感资料的妥善保护。在数字化时代，数据泄露和网络攻击的风险日益增加，高校作为这些信息的接收者和处理者，肩负着重要的保护责任。高校需要采取必要的技术手段和管理措施，防止这些信息被非法获取、篡改或滥用，从而维护合作方的隐私权和信息安全。

二、合作方权利与义务审查

（一）合作方权利条款分析

1. 获得报酬与支付方式的权利

在高校合同审查中，对合作方获得报酬与支付方式的权利进行深入审查，是确保合同条款公平合理、保障合作方经济利益的重要环节之一。这一权利不仅关乎合作方的直接收益，更影响着合作关系的稳定性和持续性。

（1）合作方获得报酬的权利

合作方获得报酬的权利是其参与高校合作项目的基本动力。在合同中明确约定报酬的金额、支付时间以及支付方式，能够确保合作方在履行合同义务后得到应有的经济回报。这种明确性有助于增强合作方对合同的信任感和满意度，进而促进合作项目的顺利进行。同时，支付方式的合理性也是审查的重点之一。支付方式的选择应充分考虑合作方的实际需求和偏好，以及高校方的财务状况和支付能力。灵活多样的支付方式，如分期付款、预付款项或绩效支付等，可以更好地满足合作方的现金流需求，降低其财务风险。

（2）对报酬与支付方式的审查

对报酬与支付方式的审查还须关注合同条款的合法性和合规性。高校作为公共机构，其资金使用受到严格的监管和审计。因此，在审查过程中应确保合同约定的报酬和支付方式符合相关法律法规，避免因违规操作而引发法律风险和财务纠纷。从宏观的角度看，合作方获得报酬与支付方式的权利审查也是高校合同管理水平的体现。一个公平、透明且高效的合同管理体系能够吸引更多优质的合作伙伴，提升高校的社会声誉和学术影响力。

2. 使用高校资源的权利

合作方被赋予使用高校资源的权利，不仅体现了高校对合作方的信任与支持，也是实现合作项目目标所必需的。

（1）提升合作项目的实施效率和质量

使用高校资源的权利有助于提升合作项目的实施效率和质量。高校作为学术和科研的重地，拥有丰富的学术资源、先进的实验设备、专业的师资队伍以及深厚的科研积累。合作方通过合同获得使用这些资源的权利，能够直接借助高校的优质资源，加速科研进程，提高研究成果的水平和影响力。这一权利也是高校与合作方实现资源共享和优势互补的重要途径。在合作过程中，高校提供其独特的资源，如图书馆资料、实验室设施等，而合作方则可能提供资金、市场渠道或其他非学术性资源。这种资源的互换和共享，有助于促进双方的深度合作，实现共赢。

（2）高校对外部合作的开放态度和支持力度

合作方使用高校资源的权利还体现了高校对外部合作的开放态度和支持力度。高校通过向合作方开放资源，不仅展示了其积极寻求外部合作，推动知识转移和技术转化的决心，也有助于提升高校的社会服务能力和影响力。然而，在审查合作方使用高校资源的权利时，还须关注资源使用的合理性和规范性。高校应制定明确的资源使用规定和管理制度，确保合作方在合理范围内使用资源，避免资源的浪费或滥用。同时，高校也应对合作方使用资源的情况进行定期评估和监督，以确保资源的有效利用和合作项目的顺利进行。

3. 合同约定的其他特定权利

在高校合同合作方权利审查中，除了常规的报酬获取权、资源使用权等一般权利，合同还可能约定了一些其他特定权利。这些权利通常是基于合作项目的特殊需求或双方协商达成的特定安排，并在合同中明确加以规定。对这些特定权利的审查，同样是确保合同内容完整、权利义务平衡的关键环节之一。

（1）知识产权的归属和使用

合同约定的其他特定权利可能涉及知识产权的归属和使用。在科研合作或技术开发项目中，双方可能会就研究成果、专利申请、技术转让等方面达成特殊约定。这些约定旨在保护双方的创新成果，明确知识产权的归属，以及规定后续的开发、利用和收益分配方式。审查这些特定权利，有助于确保合作双方在知识产权方面的权益得到充分保障，避免潜在的权属纠纷。

（2）合作方在项目管理、决策参与等方面的特殊权限

特定权利还可能包括合作方在项目管理、决策参与等方面的特殊权限。

例如，在某些合作项目中，合作方可能被赋予对项目进度、预算分配等关键决策的建议权或否决权。这些权利的设定，旨在确保合作方能够在项目执行过程中发挥积极的监督和管理作用，提升项目的整体执行效率和质量。审查这些权利，有助于评估合作方在项目中的实际影响力和控制力，以及其对项目成功的潜在贡献。

（3）风险分担及争议解决机制

合同中的其他特定权利还可能涉及风险分担、争议解决机制等方面。例如，双方可能约定在特定情况下由某一方承担更多风险，或者在发生争议时采取特定的解决方式（如仲裁、诉讼等）。这些约定对合作项目的稳定性和风险可控性具有重要影响。审查这些权利，有助于确保合同条款的公平性和合理性，降低合作过程中的不确定性和减少潜在冲突。

（二）合作方义务条款分析

1. 按照约定完成任务的义务

在高校合同合作方义务审查中，按照约定完成任务的义务是评估合作方合同履行能力和诚信度的重要指标。这一义务要求合作方必须严格遵循合同规定的工作范围、质量标准和时间节点，确保所承担的任务得以准确、高效的完成。

（1）合作方对合同的尊重和执行力

按照约定完成任务的义务体现了合作方对合同的尊重和执行力。合同作为双方共同达成的法律文件，明确规定了各自的权利和义务。合作方履行这一义务，意味着其对合同条款的认同，并愿意通过实际行动来维护合同的严肃性和权威性。这一义务是合作项目顺利推进的基石。高校与合作方之间的合作往往基于特定的项目或目标，而这些项目或目标的实现需要双方共同努力。合作方按照约定完成任务，不仅体现了其专业素养和责任心，也为项目的整体进度和质量提供了有力保障。如果合作方不能履行这一义务，可能会导致项目延期，质量下降，甚至引发合同纠纷。

（2）合作双方的长期利益和声誉

按照约定完成任务的义务还关系到合作双方的长期利益和声誉。在高等教育和科研领域，诚信和专业是极为重要的价值观。合作方通过严格遵守合同约定，不仅能够维护自身的专业形象和信誉，也有助于建立与高校的长期稳定合作关系。这种信任关系的建立，对以后的项目合作、资源共享以及学术交流等方面都具有积极的影响。

2. 遵守高校规章制度与管理要求的义务

在高校合同合作方义务审查中，遵守高校规章制度与管理要求的义务是一项至关重要的考量因素。这一义务要求合作方在与高校进行合作期间，必须严格遵守高校制定的各项规章制度和管理要求，以确保合作活动的有序进行和高校教学科研秩序的正常维护。

（1）合作方对高校的尊重和对合作关系的认真态度

遵守高校规章制度与管理要求的义务体现了合作方对高校的尊重和对合作关系的认真态度。高校作为学术和教育机构，有着自身独特的管理体系和运行模式。合作方遵守这些规章制度，意味着其愿意融入高校的管理体系，与高校共同维护一个和谐、有序的教学科研环境。这一义务也是确保合作项目顺利进行的必要条件。高校的规章制度和管理要求往往涉及校园安全、资源利用、学术诚信等方面，这些都是合作项目成功实施的基础。合作方只有严格遵守这些规定，才能确保合作活动不会与高校的正常运行发生冲突，保证合作项目的稳步推进。

（2）维护高等教育秩序和社会公共利益

从宏观的角度来看，合作方遵守高校规章制度与管理要求的义务，也是维护高等教育秩序和社会公共利益的重要体现。高校作为培养未来社会栋梁的摇篮，其规章制度的制定和执行都关系到教育质量和学术氛围的营造。合作方作为高校生态系统中的一部分，其行为举止同样会对高校环境产生影响。因此，合作方履行这一义务，不仅是对高校负责，更是对社会负责。

3. 保密与高校信息保护的义务

在高校合同合作方义务审查中，保密与高校信息保护的义务是不可或缺的一环。这一义务要求合作方必须严格保守在合作过程中获取的高校机密信息和敏感数据，确保其不被泄露或不当使用。

（1）维护高校知识产权和核心竞争力

保密与高校信息保护的义务是维护高校知识产权和核心竞争力的重要手段。高校在科研、教学和管理过程中积累了丰富的知识产权敏感信息，这些信息对于高校的学术声誉、技术优势和商业利益都具有至关重要的意义。合作方作为外部实体，一旦泄露这些信息，就可能对高校造成无法挽回的损失，甚至威胁到高校的安全和稳定。因此，合作方必须承担起严格的保密义务，确保高校信息的安全性和完整性。

（2）履行诚信原则

保密与高校信息保护的义务也是合作方履行诚信原则的重要体现。在合作过程中，高校会向合作方提供必要的资料和信息以支持项目的进行。合作方对这些信息的保密程度，直接反映了其商业道德和职业操守。一个严格遵守保密义务的合作方，不仅能够赢得高校的信任和尊重，还能为双方建立长期稳定的合作关系奠定坚实基础。同时，随着信息技术的迅速发展和网络安全形势的日益严峻，高校信息保护的重要性越发凸显。合作方作为高校信息的重要接收者和使用者，其保密意识和能力直接关系到高校信息的安全。因此，在审查合作方义务时，必须对其保密能力和措施进行全面评估，确保合作方具备足够的防范意识和技术手段来履行这一义务。

第三节　违约责任与争议解决

一、高校合同违约责任审查

（一）违约责任的约定与分类

1. 根本违约与非根本违约

（1）根本违约

根本违约，通常指的是一方当事人违反了合同的主要义务，导致另一方当事人无法实现合同目的的行为。在高校合同中，这可能表现为合作方未能按照约定提供关键的教学资源、研究设备或未完成重要的研究任务，从而严重影响了高校的教学计划或科研进度。根本违约的行为触及了合同的核心，使得合同无法继续履行或者即使履行也失去了原有的意义和价值。

（2）非根本违约

相对而言，非根本违约则是指违约行为并未触及合同的核心内容，虽然违反了合同的某些条款，但并未导致合同目的无法实现。在高校合作中，这可能表现为一些次要的、非关键性的任务未能如期完成，或者服务中的一些细节未达到预期标准。这类违约虽然也需要承担相应的责任，但其后果通常不会像根本违约那样严重。

（3）违约责任审查

在审查高校合同的违约责任时，明确区分根本违约与非根本违约具有重要意义。一方面，这种区分有助于确定违约方应承担的责任类型和程度。对于根本违约，守约方通常有权选择解除合同并要求违约方承担较重的赔偿责任；而对于非根本违约，守约方可能更倾向于要求违约方采取补救措施或支付一定的违约金。另一方面，这种区分有助于引导合同双方更加明确各自的权利和义务，从而在签订合同时更加审慎，在履行合同过程中更加注意遵守约定，以减少违约行为的发生。

2. 违约责任的形式与承担

在高校合同违约责任审查中，违约责任的形式与承担是一个核心议题。这涉及合同一方违反约定后，应当如何对另一方进行补偿或承担责任的问题。

（1）违约责任的形式

违约责任的形式多样，包括继续履行、采取补救措施、支付违约金、赔偿损失等。通常根据合同的具体内容、违约的性质和后果，以及双方的协商结果来确定违约责任形式。继续履行是指违约方需按照合同原定的条款，继续完成其未尽的义务。这种责任形式主要适用于违约行为并未导致合同目的无法实现，且继续履行仍具有实际意义的情况。采取补救措施则是一种更为灵活的违约责任形式。它要求违约方采取必要的行动，以纠正其违约行为带来的后果，尽可能恢复合同的原状。这种责任形式常用于违约行为造成了一定损害，但通过补救措施可以有效挽回的情况。

（2）违约责任承担

支付违约金是一种常见的违约责任承担方式。违约金是合同双方在签订合同时约定的，用于惩罚违约行为并补偿守约方损失的一定金额。违约金的设定旨在确保合同的严肃性和约束力，同时提供一种简便快捷的纠纷解决方式。赔偿损失是最直接、最根本的违约责任形式。当违约行为给守约方造成实际损失时，违约方应当承担相应的赔偿责任。这种责任形式旨在使守约方的经济状况恢复到合同得到正常履行时应有的状态。在审查高校合同违约责任时，需要综合考虑各种因素，以确定最合适的违约责任形式和承担方式。这包括合同的具体条款、违约行为的性质和严重程度、双方的经济实力和风险承受能力等。通过合理的责任分配和承担方式，可以确保合同的公平性和有效性，维护高校与合作方的合法权益，促进双方的长期合作与发展。

（二）违约金的设定与合理性审查

1. 违约金的计算方式与标准

在高校合同中，违约金的设定与合理性审查是一个至关重要的环节。其中，违约金的计算方式与标准直接关系到违约责任的量化和合同双方的权益保障。

（1）违约金的计算方式

违约金的计算方式通常基于合同金额的一定比例，或者根据违约行为造成的实际损失来确定。这两种方式各有优劣：基于合同金额的比例计算方式简单易行，便于在合同中明确约定，但可能无法完全反映实际损失；而根据实际损失来计算则更为精确，但操作起来可能较为复杂，且需要合同双方对损失进行举证。

（2）违约金的计算标准

在确定违约金的计算标准时，应综合考虑多个因素以确保其合理性。这包括合同的性质、履行难度、可能的风险以及双方的经济实力等。例如，对于履行难度较大或风险较高的合同，可以设定相对较高的违约金以起到更好的约束和保障作用。同时，违约金的设定也应遵循公平原则，避免对任何一方造成不合理的经济负担。

2. 违约金过高的调整原则

合同违约金，作为一种经济制裁措施，旨在确保合同双方严格遵守合同条款。在高校合同中，它通常用于高校与合作方之间的权利和义务，以防止任何一方无故违约。然而，违约金的设定并非随意而定，它必须遵循一定的法律原则和道德规范，以确保其合理性和公平性。

调整的原则主要包括以下几点：一要考虑违约金与实际损失之间的比例关系，以确保违约金既有惩罚性又有补偿性；二要兼顾合同的履行情况和双方的过错程度，以体现公平原则；三要考虑合同双方的经济实力和市场环境等因素，以避免违约金成为一方压榨另一方的工具。在具体操作上，可以采用比较分析法、成本收益分析法等方法来评估违约金的合理性。通过这些方法，可以更科学地确定违约金的最佳水平，从而在保障合同双方权益的同时，也保障了市场的公平与效率。

（三）损害赔偿的范围与计算方法

1. 直接损失与间接损失的界定

高校合同损害赔偿的范围与计算方法，尤其是直接损失与间接损失的界定，是合同审查中的一个重要议题。损害赔偿是合同法中违约责任的一种重要形式，其目的在于使受害人恢复到合同履行前的应有状态。在高校合同中，这种损害赔偿的计算与范围确定同样具有重要意义。

（1）直接损失

直接损失通常指的是因违约行为直接导致的、可以直接量化的经济损失。在高校合同的语境下，这可能包括因对方违约而直接产生的额外费用，例如，因对方未能按时提供服务导致的额外教学成本、因对方提供的服务质量不达标导致的直接经济损失等。这些损失是直接由违约行为引发的，且可以通过具体的费用支出来衡量。

（2）间接损失

间接损失，也称可得利益损失，是指因违约行为而丧失的期待性利益。

在高校合同中，这可能表现为因对方违约而失去的预期收益，如因未能如期开展某项目导致的潜在收益损失、因对方违约导致的声誉损害等。这些损失并非直接由违约行为产生，而是因违约行为的后果而引发的。因此，其计算和界定相对复杂。

（3）高校合同损害赔偿计算

在计算高校合同损害赔偿时，需要综合考虑直接损失和间接损失。对于直接损失，可以通过具体的费用支出进行计算，相对较为直观。对于间接损失，则需要结合市场情况、合同约定以及实际损失情况进行综合评估。在实际操作中，可以采用市场调研、专家评估等方法来辅助确定间接损失的具体数额。此外，还需要注意的是，高校合同损害赔偿的计算应遵循可预见性原则，即违约方在签订合同时应当能够预见到其违约行为可能给对方造成的损失范围和类型。这一原则有助于限制损害赔偿的范围，防止无限制的赔偿责任。

2. 损害赔偿的计算

高校合同损害赔偿的范围与计算方法是核心问题，特别是在涉及高校合作、科研、教育服务等领域时，其重要性尤为突出。损害赔偿的计算，作为违约责任承担方式的一种，通过经济补偿来恢复受害方的合同利益，从而达到合同公正与效率的平衡。

（1）损害赔偿的计算

损害赔偿的计算必须建立在明确的损害范围基础上。在高校合同中，这通常涵盖了因违约行为直接导致的经济损失，包括额外费用支出、已投入资源的浪费，以及因合同履行不能或履行瑕疵所带来的收益减少等。此外，还可能包括一些间接损失，如因合同目的无法实现导致的声誉损害等。在计算损害赔偿时，应遵循"完全赔偿原则"，即违约方应赔偿受害方因其违约行为所遭受的全部损失。这就要求在计算过程中，不仅要考虑实际发生的直接经济损失，还要合理预估因违约而产生的间接经济损失。同时，为了防止损害赔偿的无限扩大，计算时还应结合"可预见性原则"，即只赔偿违约方在订立合同时能够预见到的可能损失。

（2）计算方法

通常可以采用以下几种方式：一是具体计算法，即根据实际发生的损失逐项计算；二是抽象计算法，即按照合同约定的违约金或根据市场行情来估算损失；三是混合计算法，即结合具体损失和市场行情来综合确定损害赔偿额。在实际操作中，应根据违约合同的具体情况和证据的充分性来选择合适的计算方法。此外，损害赔偿的计算还需注意以下几点：一要确保计算的准确性和公正性，避免出现过高或过低的赔偿额；二要考虑货币的时间价值，特别是在涉及长期合同或大额赔偿时；三要关注法律法规的更新和变化，以确保计算方法和结果的合法性。

二、高校合同争议解决审查

（一）争议解决方式的选择与约定

1. 诉讼、仲裁与调解的比较分析

高校合同争议解决审查中，诉讼、仲裁、调解是三种常被采用的方式，且具有各自的特点和适用范围，为合同双方提供了多元化的争议解决途径。

（1）诉讼

诉讼，作为一种公权力的救济方式，具有强制性和权威性。它通过法院的审判程序来解决争议，判决结果具有法律强制执行力。在高校合同争议中，当双方无法通过协商达成一致时，诉讼可以作为一种有效的解决手段。然而，诉讼程序相对复杂、耗时较长，且成本较高。此外，诉讼的公开性也可能对高校的声誉产生一定影响。

（2）仲裁

仲裁，作为一种替代性争议解决方式，因其高效、灵活和保密性受到青睐。在高校合同争议中，可以根据双方的意愿选择仲裁机构和仲裁规则，仲裁结果同样具有法律强制执行力。与诉讼相比，仲裁程序更为简便快捷，且仲裁费用相对较低。然而，仲裁的终局性也意味着一旦裁决作出，双方即须遵守，除非存在法定情形，否则难以推翻。

（3）调解

调解，一种更为灵活的争议解决方式。在高校合同争议中，通过第三方调解，促使双方达成和解协议。调解的优点在于其非对抗性，有助于维护合同双方的合作关系。同时，调解程序简便、成本较低，且能够根据实际情况灵活调整。然而，调解结果并不具有法律强制执行力，其履行依赖于双方的自觉和诚信。

2. 合同中争议解决条款的设定建议

高校合同争议解决审查中，合同中争议解决条款的设定至关重要。合理的争议解决条款不仅可以为合同双方提供明确的指引，还能在争议发生时，减少解决成本和提高解决效率。

（1）诉讼、仲裁或调解等方式

合同中可以约定采用诉讼、仲裁或调解等方式解决争议。在选择时，应充分考虑各种方式的优缺点以及合同双方的实际需求和意愿。例如，仲裁通常被视为一种高效、灵活且保密的争议解决方式，特别适合涉及商业秘密或需要快速解决争议的情况。诉讼则具有公权力的保障，判决结果具有强制执行力，但可能耗时较长且成本较高。对于仲裁方式，可以选择国内或国际知名的仲裁机构，并明确仲裁地点和仲裁规则。这种仲裁机构虽然公信力更强，但是对于高校而言，仲裁的成本也会增加。建议在高校合同审查过程中，选择更便利于高校的仲裁机构，如高校所在地的仲裁委员会，需要在合同中明确写清楚。选择本地仲裁机构，一方面，对于高校而言可以节省成本、降低风险，另外一方面对于高校合作方而言也是一种无形的震慑，能确保合同得到顺利的履行，否则对方需要承担时间、交通、费用等成本。对于诉讼方式，则应明确管辖法院，以避免因管辖权问题而引发的额外争议。对于调解方式，则需要找到中立的第三方，调解的结果也需要双方的诚信遵守，一般来说会找到政府部门，或者合同双方的共同上级部门来调解解决争议。

（2）争议解决时限和流程

合同中可以约定争议解决的时限和流程。例如，可以设定在争议发生后多少日内启动争议解决程序，以及各个阶段的时限。这有助于推动争议的及时解决，防止争议久拖不决。对于涉及多方当事人的复杂合同，还可以考虑设立专门的争议解决委员会或指定独立的争议解决专家。这种方式可以更加专业、高效地处理争议，并减少各方之间的直接冲突。此外，争议解决条款的设定还应遵循合法性原则，确保所约定的争议解决方式、地点和机构等符合国家法律法规的规定。同时，也要考虑合同双方的实际利益和需求，来平衡各方的权益。

（二）仲裁机构的选定及仲裁程序简介

1. 仲裁机构的比较与选择

高校合同争议解决审查中，当选择仲裁作为争议解决方式时，对仲裁机构的比较与选择成为关键步骤。这不仅关乎争议解决的效率和质量，还直接影响到仲裁结果的公信力和可执行性。

（1）仲裁机构的比较

不同仲裁机构在特定领域如教育、科研等方面的专业能力和经验存在差异。高校在选择时，应倾向于那些拥有丰富教育行业仲裁经验、专业仲裁员队伍以及完善仲裁规则的机构。这样的机构更能理解高校合同的特殊性和复杂性，从而作出更为专业和公正的裁决。仲裁机构的国际影响力和公信力也是重要考量因素。一些国际知名的仲裁机构，其裁决在全球范围内具有更高的认可度和可执行性。对于涉及国际合作或跨境教育的高校合同，选择这类仲裁机构有助于增强裁决的权威性和可执行性，降低后续执行风险。

（2）仲裁机构的选择

高校在争议解决过程中，通常希望快速、经济地解决纠纷，以恢复正常的教学和管理秩序。因此，在选择仲裁机构时，应关注其处理案件的速度、仲裁费用的合理性以及是否能够提供灵活高效的仲裁程序。仲裁机构的保密性也需特别关注。高校合同争议往往涉及敏感信息和商业稳私及利益，避免争议解决过程中的信息泄露风险。此外，实际操作中，高校还可以参考过往案例、用户评价以及专业咨询机构的建议，以更全面地了解各仲裁机构的优劣。同时，与仲裁机构进行初步沟通，了解其对待高校合同争议的态度和解决方案，也是作出明智选择的重要步骤。

2．仲裁程序的基本流程与特点

高校合同争议解决审查中的仲裁程序，其基本流程与特点对于了解仲裁机制在高校合同纠纷中的应用具有重要意义。

（1）仲裁程序的基本流程

高校合同纠纷的一方或双方当事人根据合同中的仲裁条款或事后达成的仲裁协议，向选定的仲裁机构提交仲裁申请。这一步骤是启动仲裁程序的关键，它要求申请人明确提出仲裁请求、事实和理由，并提供相应的证据材料。仲裁机构在收到仲裁申请后，会进行审查以确定是否符合受理条件。一旦审查通过，仲裁机构就会正式立案，并通知双方当事人。这一过程确保了仲裁程序的正式性和规范性。仲裁机构会根据案件的性质和复杂程度，以及双方当事人的意愿，指定或选定仲裁员组成仲裁庭。仲裁庭的组成是仲裁程序公正性和专业性的重要保障。在仲裁庭组成后，会安排开庭审理。双方当事人或其代理人会在庭审中进行陈述、举证和辩论。仲裁庭会认真听取双方当事人的意见，并审查相关证据。在庭审结束后，仲裁庭会根据事实和法律规定，作出仲裁裁决。裁决结果具有法律效力，双方当事人应当履行。如果一方当事人不履行裁决，另一方可以向法院申请强制执行。同时，仲裁机构也会对裁决的执行情况进行监督，以确保裁决的公正性和有效性。

（2）仲裁程序的特点

仲裁程序的启动基于双方当事人的自愿选择，这体现了仲裁的自治性特点。仲裁庭由具有专业知识和经验的仲裁员组成，能够针对高校合同纠纷的特殊性进行专业判断。仲裁程序以不公开为原则，有助于保护当事人的商业秘密和隐私。仲裁程序可以根据双方当事人的意愿和案件的具体情况进行调整，更加灵活高效。仲裁裁决具有法律效力，且一般为一裁终局，这有助于快速解决纠纷，减少诉讼成本。通过明确的流程和专业的判断，仲裁程序为高校合同纠纷的解决提供了一种高效、公正的途径。

（三）调解作为争议解决方式的优劣分析

1．调解的灵活性与效率优势

在高校合同争议解决审查中，调解作为一种非诉讼争议解决方式，其灵活性与效率优势表现得尤为突出。调解程序不受严格的形式限制，可以根据争议双方的实际情况和需求进行灵活调整。例如，调解时间、地点和方式的选择，都可以根据双方的意愿和实际情况来安排，从而增加了解决争议的便利性和可接受性。

（1）时间优势

调解过程中，双方可以就争议的核心问题进行深入讨论，并寻求双方都能接受的解决方案。这种灵活性使得调解能够更全面地满足双方的利益诉求，有助于达成双方都满意的和解协议。虽然调解需要遵循一定的法律规范，但在法律框架内，调解员可以根据双方的意愿和实际情况，灵活地运用法律知识，协助双方找到合法且合理的解决方案。与诉讼和仲裁相比，调解通常能够在更短的时间内解决争议。这是因为调解程序相对简单，不需要严格遵守烦琐的法庭程序或仲裁规则。通过调解，双方可以迅速达成和解协议，避免长时间的法律纠纷。

（2）经济优势

调解不仅可以节省时间成本，还可以降低经济成本。诉讼和仲裁往往需要支付高额的律师费、诉讼费或仲裁费，而调解的费用相对较低。此外，通过调解快速解决争议，还可以减少因持续争议而产生的其他间接成本。调解以和解为目的，强调双方的沟通和协商。通过这种方式解决争议，有助于维护双方的良好关系，避免因诉讼或仲裁而产生的对立和敌意。这对于需要长期合作或保持友好关系的高校合同双方来说都尤为重要。

2. 调解结果的执行力度与保障措施

在高校合同争议解决中，调解结果的执行力度与保障措施是确保调解有效性的关键环节之一。

（1）调解结果的执行力度

调解结果的执行力度主要取决于调解协议的自愿性和法律约束力。在高校合同争议中，当双方通过调解达成一致后，会签署调解协议。这份协议具有法律约束力，意味着双方必须按照协议内容履行各自义务。为确保执行力度，调解协议通常会明确规定双方的权利和义务，以及违反协议将承担的法律责任。此外，调解机构也会在协议签署后进行跟踪监督，确保双方遵守协议内容。然而，需要注意的是，调解协议的法律约束力虽然存在，但其强制执行力相对较弱。如果一方不履行协议，另一方通常需要通过法院或其他法律途径强制执行。

（2）调解结果的保障措施

为了增强调解结果的执行力度，可以采取以下保障措施：

第一，根据最高人民法院的相关规定，人民调解委员会主持达成的调解协议，经当事人申请，人民法院审查确认后，该协议即具有法律效力。这一制度强化了调解协议的确定性，避免了随意性。

第二，在签订合同时，双方应尽可能明确各项条款，包括支付方式、交付要求、违约责任等。明确的合同条款可以为调解提供有力的依据，也有助于确保调解结果的顺利执行。

第三，高校可以设立专门的监督机构或指定专人负责对调解协议的执行情况进行监督。通过定期检查、沟通和协调，确保双方按照协议内容履行义务。

第四节　保密与知识产权保护条款

一、合同保密条款审查

（一）保密信息的定义与范围

1. 保密信息的具体内容

在高校合同保密条款审查中，保密信息的具体内容是一个核心要素，它直接关系到合同双方对于哪些信息需要承担保密义务。

（1）明确保密信息具体内容的范围

保密信息的具体内容应当明确其范围，这包括但不限于技术信息、商业信息以及其他双方约定需要保密的信息。技术信息可能涉及教学方法、研究成果、课程设计等，这些都是高校在教育教学和科研活动中的核心竞争力所在。商业信息则可能包括学生数据、招生策略、合作计划等，这些信息对于高校的运营和发展有着重要意义。

（2）确定保密信息具体内容的敏感性和重要性

在确定保密信息的具体内容时，需要考虑信息的敏感性和重要性。敏感性是指信息一旦泄露，可能会对高校的利益造成损害的程度。例如，一项尚未公开的研究成果，如果提前泄露，可能会影响其学术价值或商业价值。重要性则是指信息对于高校运营和发展的关键作用。比如，学生数据不仅关乎学生隐私，也是高校进行教育教学改革和评估的重要依据。此外，保密信息的具体内容还应当具有明确性和可操作性。明确性是指要清晰界定哪些信息属于保密范畴，避免模糊和歧义。可操作性则是指在实际操作中能够方便地识别、管理和保护这些信息。

2．保密信息的载体与形式

在高校合同保密条款审查中，保密信息的载体与形式是确保保密效果的关键因素之一。

（1）保密信息的载体

保密信息的载体指的是承载保密信息的物理或电子媒介。在高校环境中，这些载体可能包括纸质文档、电子文件、存储设备如硬盘和 U 盘，以及云服务等各种形式。纸质文档因其直观性和便携性，在过去是主要的保密信息载体，但随着信息技术的发展，电子文件及其存储设备正逐渐成为主流形式。

（2）保密信息的形式

保密信息的形式则涉及信息是如何展现和记录的。例如，文字、图表、图像、音频、视频等都可能是保密信息的表现形式。这些形式的选择直接影响到信息的可读性、可理解性和可传播性。高校的研究成果、教学资料、会议记录等都可能以不同的形式存在，并需要得到相应的保密处理。

（3）保密信息的载体与形式审查

审查保密信息的载体与形式时，应重点考虑以下几点：一是载体的安全性和稳定性，例如纸质文档是否存放在有安全措施的档案室、电子文件是否采用了加密技术等；二是信息形式的易读性和可编辑性，这关系到信息在传输和使用过程中是否容易被篡改或误读；三是载体和形式的合规性，即是否符合相关法律法规对于保密信息存储和传输的规定。

（二）保密义务的主体与期限

1. 保密义务承担者

在高校合同保密条款的审查过程中，保密义务承担者是一个至关重要的要素。保密义务承担者是指在合同中明确承诺对特定保密信息承担保密责任的主体。在高校合同中，这些承担者可能包括学校教职员工、学生，合作方代表以及其他可能接触到敏感信息的个体或实体。

（1）高校教职员工

在高校合同保密义务中，高校教职员工是核心主体之一，在教学、科研及行政管理等各个环节都扮演着关键角色，因此，所承担的保密义务尤为重要。教职员工在日常工作中会接触到大量的敏感信息和重要数据，如学生个人信息、研究成果、商业合作细节等，这些都是需要严格保密的内容。高校教职员工的保密义务不仅关乎个人职业操守，更直接影响到高校的声誉，知识产权保护和科研合作的顺利进行。任何信息的泄露都可能对高校的学术声誉造成不良影响，甚至可能带来法律纠纷和经济损失。因此，教职员工必须深刻理解保密条款的重要性，并严格遵守相关规定。同时，高校应加强对教职员工的保密教育，定期举办保密知识培训，确保每位员工都能明确自己的保密责任。通过建立健全的保密管理制度和严格的监督机制，高校可以更有效地保护自身及合作方的利益，为学术研究和教学工作提供一个安全、稳定的环境。这样，不仅有利于高校自身的健康发展，也能为社会培养出更多有责任感、有职业操守的优秀人才。

（2）学生

学生作为高校一分子，在日常的学习生活和科研工作中，也承担着相应的保密义务。这种保密义务主要体现在学生对在校期间接触到的敏感信息、研究成果、教学资料等内容的保护上。学生应充分认识到这些信息的重要性和敏感性，严格遵守保密规定，不得随意泄露或向外界披露。这种保密义务不仅关乎学术诚信，还涉及知识产权的保护以及高校与外部合作方的商业利益。学生作为承担高校合同保密义务的主体，责任重大，因为他们处于知识传承和创新的前沿。任何信息的泄露都可能对学术研究的连续性和创新性造成不良影响。因此，学生必须深刻理解保密义务的内涵，自觉遵守相关规定，为维护学术环境的纯净和高校科研活动的正常进行贡献自己的力量。同时，高校也应加强对学生保密意识的培养，建立完善的保密制度和监督机制，以确保学生能够切实履行保密义务，共同维护学术和科研的安全与稳定。

（3）合作方代表

合作方代表在合作过程中也会接触到高校的保密信息。这些代表需要遵循合同中的保密条款，确保所接触的保密信息不被泄露给第三方。合作方应建立相应的保密管理制度，并对其员工进行保密培训，以防止信息泄露事件的发生。在审查保密条款时，应明确各类保密义务承担者的具体责任和义务。同时，合同中应包含相应的违约责任条款，以便在发生信息泄露等违约行为时，能够追究相关责任人的法律责任。

2. 保密期限的设定与延长

在高校合同保密条款审查中，保密期限的设定与延长是一个需要细致考虑的问题。保密期限，即信息需要被保密的时间长度，直接关系到保密义务的持续时间和合同双方的权利义务平衡。

（1）保密期限的设定

保密期限的设定应当合理且明确。合理意味着保密期限不应过长或过短，以避免对信息的正常流通和利用造成不必要的限制，同时也要确保高校的敏感信息得到充分的保护。明确则要求合同中应清晰指出保密的起止时间，以便合同双方能够准确理解和执行。保密期限的延长也是一个需要关注的问题。在某些情况下，由于技术、市场或其他因素的变化，原本设定的保密期限可能无法满足实际需求。合同审查中，根据合同内容的保密需求设定保密期，也可以有灵活的描述，如由于特定情况的出现，保密期限自动延长等。

（2）保密期限的延长

合同双方可以通过协商来延长保密期限。然而，延长保密期限并非简单的时间延长，而是需要重新评估信息的保密价值和泄露风险，以及双方在此基础上的利益平衡。在审查保密条款时，还应注意保密期限与合同期限的关系。一般来说，保密期限不应短于合同期限，以确保在合同执行过程中及合同终止后的一段时间内，敏感信息仍能得到有效的保护。同时，也要考虑法律法规对保密期限的相关规定，以确保合同条款的合法性和有效性。

（三）保密措施与要求

1. 物理保密措施

在高校合同保密条款审查中，物理保密措施是确保合同信息安全的重要手段之一。物理保密措施主要涉及对敏感信息的实体存储和访问环境的控制，旨在通过物理手段防止未经授权的访问、泄露、破坏或篡改。对于高校合同而言，物理保密措施的重要性不言而喻，因为合同中往往包含有关学校运营、学术研究、技术转移等关键信息，一旦泄露就可能对学校的声誉、财务和法律地位造成严重影响。

（1）合同文本和其他敏感文件

合同文本和其他敏感文件应存放在安全的文件柜、保险柜或特定的安全存储区域。这些存储设备应具备防火、防水和防盗等功能，以确保在紧急情况下数据的安全性。存储区域应远离公共区域，以减少非授权访问的风险。只有经授权的人员才能访问存储合同的安全区域。这通常通过门禁系统、钥匙管理或生物识别技术（如指纹或面部识别）来实现。

（2）访问记录

访问记录应被严格监控和保存，以便在发生安全事件时进行追溯。在存储合同的安全区域内应安装监控摄像头，以实时监测和记录任何可疑活动。当合同过期或不再需要时，应采取安全的数据销毁措施，如使用碎纸机销毁纸质文档、使用数据擦除软件彻底删除电子数据。销毁过程应有详细的记录和见证人，以确保数据的完全消除并防止任何未来的数据恢复尝试。

2. 技术保密手段

在高校合同管理过程中，保密条款的审查至关重要，涉及知识产权保护、技术转移以及科研合作的安全性和稳定性。特别是在技术保密方面，高校需要采取一系列严密的手段来确保关键技术和研究成果不被泄露。

保密条款必须明确双方的权利和义务，规定保密信息的范围、使用限制以及保密期限。高校在审查合同时，应着重关注这些核心要素，确保合同条款的合法性和执行力。此外，对于涉及技术秘密的合同，高校还需特别注意技术的归属权、使用权和转让权等关键问题，以防止技术流失或被滥用。

在技术保密手段方面，高校可采取多种措施来保护敏感信息。一方面，可以通过物理隔离、访问控制和加密技术等手段来加强数据的安全性；另一方面，建立完善的保密管理制度，包括保密责任制、保密宣传教育、保密监督检查等，以确保所有相关人员都能严格遵守保密规定。进一步地，高校在与外部机构进行合作时，应特别注意合作方的信誉和保密能力。在签订合同前，应对合作方进行充分的尽职调查，评估其保密管理的可靠性和有效性。同时，合同中应明确合作方在保密方面的具体责任和义务，以及违反保密条款所应承担的法律后果。此外，高校还应加强自身的技术研发能力和创新能力，以减少对外部技术的依赖，从而降低技术泄露的风险。这包括加大科研投入、培养高素质的研发团队、建立完善的创新体系等。

3. 人员保密管理与培训

在高校合同管理过程中，保密条款的审查不仅涉及合同文本的法律层面审查，还涵盖了对相关人员保密管理与培训的重要考量。人员作为信息传递和执行的关键，其保密意识与行为直接关系到高校技术秘密和知识产权的安全。

（1）保密管理

保密管理在高校合同执行中占据着举足轻重的地位。高校在与外部实体签订合同时，必须确保相关人员对保密条款有深刻的理解和严格的遵守。这就要求高校建立一套完善的保密管理体系，包括严格的保密规定以及有效的保密监督机制。通过这样的体系，高校能够确保合同中的保密条款得到切实执行，从而保护自身的核心技术和知识产权不被泄露。

（2）保密培训

保密培训在增强人员保密意识和能力方面发挥着至关重要的作用。高校应定期组织针对涉及保密工作的人员的培训活动，内容包括但不限于保密法律法规、保密制度、保密技术以及保密案例分析。这样的培训旨在提升人员的保密意识，使他们能够识别和防范潜在的泄密风险，并在实际工作中严格遵守保密规定。此外，高校还应注重培养人员的职业道德和责任感。通过教育和引导，使人员深刻理解保密工作的重要性，并自觉地将保密要求融入日常工作中。同时，高校应建立激励机制，对在保密工作中表现突出的人员给予表彰和奖励，以此激发全体人员对保密工作的热情和积极性。

（四）保密条款的违约责任与处理

1. 违约情形的界定

在高校合同管理中，保密条款的违约责任与处理是一个至关重要的环节。其中，对违约情形的明确界定，是确保合同条款有效执行、维护高校利益的关键所在。

（1）界定违约情形

高校合同中的保密条款通常明确了双方对保密信息的保护义务，一旦违反这些条款，即构成违约。因此，在界定违约情形时，应首先依据合同条款来具体判断。一般而言，未经授权披露保密信息、使用保密信息于非约定目的或允许第三方使用保密信息等行为，均可视为违约。违约情形的界定还需考虑实际损失和影响。例如，因一方违约导致保密信息泄露，进而给高校带来经济损失或声誉损害，这种情形显然应被界定为违约。同时，情形的严重程度也是界定违约的重要因素，如泄露信息的数量、重要性以及泄露后的影响范围等。

（2）处理违约责任

在处理违约责任时，高校应依据合同条款及相关法律法规，采取适当的法律手段来维护自身权益。这可能包括要求违约方承担赔偿责任、停止违约行为、解除合同等。同时，高校也应考虑与违约方进行协商，寻求双方都能接受的解决方案，以避免进一步的损失和纠纷。此外，对于违约情形的预防和处理，高校还应建立完善的内部管理机制。这包括定期对合同履行情况进行检查、加强保密信息的管控、及时发现并处理潜在的违约风险等。通过这些措施，高校可以在一定程度上降低违约情形的发生概率，并在违约事件发生时迅速作出反应，使损失降到最低。

2. 违约责任的承担方式

在高校合同管理中，当涉及保密条款的违约时，违约责任的承担方式成为一个核心议题。这不仅仅关乎法律责任的履行，还牵涉到双方权益的平衡以及未来合作关系的维系。

（1）支付违约金

对于违反保密条款的一方，最常见的违约责任承担方式是支付违约金。这种方式具有明确性和简便性，能够迅速地对违约行为进行经济上的制裁。违约金的数额通常会在合同中预先约定，以反映双方对违约后果的预期。然而，违约金的设定并非随意的，而是需要根据违约可能造成的实际损失进行合理估算，以确保其既不过于苛刻也不过于宽松。

（2）赔偿损失

除支付违约金外，赔偿损失也是违约责任的一种重要承担方式。与违约金不同，赔偿损失是根据实际发生的损害来确定的。这要求受损方能够证明其因违约行为而遭受的具体损失，包括直接损失和间接损失。赔偿损失的目的在于使受损方的经济状况恢复到违约行为发生前的状态，从而实现公平和正义。

（3）其他补救措施

在某些情况下，仅仅依靠违约金或赔偿损失可能无法完全弥补受损方的损失或恢复合同的原状。这时，可以采取其他补救措施，如继续履行、解除合同等。这些措施的选择应根据具体情况进行，以最大限度地减少损失并恢复合同的稳定性。值得注意的是，违约责任的承担方式并非孤立存在的，而是可以相互补充和配合的。在实际操作中，受损方可以根据违约行为的性质和后果，灵活地选择一种或多种责任承担方式，以实现自身权益的最大化保护。

二、知识产权保护条款审查

（一）知识产权的归属与界定

在高校合同管理过程中，对知识产权保护条款的审查尤为关键，其中知识产权的归属与界定问题更是审查的重中之重。这涉及合作双方或多方在研发、创新过程中产生的知识产权的分配和权益确认，对于保护高校科研成果、激发科研人员的创新积极性具有重要意义。

1. 知识产权的归属

知识产权的归属问题直接关系到科研成果的权益分配。在高校与外部实体进行合作时，必须明确约定合作过程中产生的知识产权归属。这通常包括合作前已存在的知识产权、合作过程中新产生的知识产权以及合作结束后产生的后续改进或衍生知识产权的归属。归属问题的明确有助于避免后续因权益分配不清而产生的纠纷。

2. 知识产权的界定

知识产权的界定是审查过程中的一个关键环节。这涉及对合作过程中产生的各类成果，如论文、专利、软件著作权等的具体界定。在合同中，应详细列出哪些成果属于知识产权范畴，并明确其保护范围和使用权限。同时，对于可能涉及的第三方知识产权也应予以充分考虑，并在合同中作出相应约定。此外，高校在审查知识产权保护条款时，还应结合自身实际情况进行综合考虑。例如，高校可以根据自身的科研实力、技术转移需求以及与合作方的关系等因素，来制定更为灵活和合理的知识产权归属和界定策略。

（二）知识产权的使用与限制

在高校合同审查中，关于知识产权保护条款的审视，特别是知识产权的使用与限制方面，具有极其重要的法律和商业意义。这涉及科研成果的转化应用、知识产权的商业价值实现，以及合作各方权益的保障。

1. 知识产权的使用

关于知识产权的使用，合同中应详尽规定使用的范围、方式和期限。使用范围需明确界定是在教学、科研、商业推广还是其他特定领域内，以避免潜在的越权使用风险。使用方式亦应细化，包括但不限于复制、发行、出租、展览、表演、放映、广播、信息网络传播，确保每种使用方式都有明确的授权基础。同时，使用期限的合理设定能够保障知识产权持有者的长期利益，并给使用者提供稳定的预期。

2. 知识产权的限制

与此同时，对知识产权的限制同样重要。合同中应明确限制对知识产权的滥用，包括但不限于未经授权的转让、质押或许可第三方使用等行为。这些限制旨在保护原创者的合法权益，防止知识产权被非法侵占或滥用。此外，对于涉及国家安全、公共利益或重大技术创新的知识产权，还应设定更为严格的限制条件，以确保其合理使用和社会责任的履行。

（三）知识产权的转让与许可

在高校合同管理领域，对知识产权保护条款的深入审查是不可或缺的环节，其中知识产权的转让与许可问题更是审查的核心要点。这不仅关乎高校科研成果的权益分配，也直接影响着知识产权的商业化和产业化进程。

1. 知识产权的转让

谈及知识产权的转让，必须明确这是指知识产权所有者将其权利全部或部分地、永久性地转移给他人的行为。在高校合作合同中，知识产权的转让条款通常涉及转让的范围、条件、价格以及转让后的权利和义务等多个方面。转让范围的明确是首要任务，它决定了哪些知识产权将被转移，这通常包括专利、商标、著作权等；而转让条件的设定则需充分考量双方的利益平衡，以确保公平交易。价格机制也是关键，它既要反映知识产权的真实价值，也要考虑市场接受度和合作双方的经济实力。此外，转让后的权利和义务安排同样重要，它关系到转让后各方责任的界定和纠纷的预防。

2. 知识产权的许可

知识产权的许可是指在不改变知识产权所有权的前提下，允许他人在一定条件和范围内使用该知识产权。在高校合同中，许可条款的审查同样复杂而关键。许可的类型（如独占许可、排他许可、普通许可等）、许可的期限和地域范围、许可使用费的支付方式和标准等都是需要细致考虑的因素。特别是在涉及跨国合作或国际知识产权许可时，还需额外注意不同国家或地区的法律法规差异和潜在的知识产权风险。

在审查知识产权转让与许可条款时，高校应秉持谨慎和全面的原则。不仅要确保合同条款的合法性、合规性，还要结合自身的科研和商业化战略，评估转让或许可对未来发展的影响。同时，高校也需充分考虑可能出现的纠纷和风险，并制定相应的预防和应对措施。

（四）知识产权的侵权与维权

在高校合同管理过程中，对知识产权保护条款的细致审查，特别是关于知识产权的侵权与维权部分，是至关重要的。这不仅关系到高校科研成果的合法权益，更影响着整个学术和科研环境的公正与健康。

1. 知识产权侵权

知识产权侵权是指未经知识产权人许可，擅自实施其专有权的行为，如未经授权的复制、发行、使用等。在高校合作中，侵权行为可能来自合作方、第三方或内部人员，其形式多样，包括但不限于盗用科研成果、剽窃学术论文、非法复制软件。这些行为严重损害了知识产权所有者的合法权益，破坏了学术诚信和科研秩序。在高校合同中明确知识产权侵权的相关条款至关重要。合同应详细规定侵权的认定标准、侵权责任及赔偿方式，以便在侵权行为发生时能够迅速采取措施，维护自身权益。

2. 知识产权维权

合同应明确双方在维权过程中的责任与义务，确保在发现侵权行为时能够共同应对，及时制止侵权行为并追究侵权者的法律责任。维权方面，高校应建立健全的知识产权保护机制，包括设立专门的知识产权管理机构、制定完善的管理制度、加强知识产权培训和宣传等。此外，高校还应积极与政府部门、行业协会等外部机构合作，共同打击知识产权侵权行为，营造良好的科研和学术环境。在审查知识产权侵权与维权条款时，高校应结合自身实际情况和合作对象的特点，制定切实可行的保护策略。同时，高校也应不断提升自身的知识产权保护意识和能力，以便更好地应对日益复杂的知识产权挑战。

第六章 高校合同法律风险管理机制建设

第一节 合同法律风险识别与评估体系

一、法律风险识别机制

（一）风险识别的基本原则

1. 全面性原则

全面性原则是指在风险识别的过程中，必须全面、细致地考察合同管理的各个环节和要素，确保不遗漏任何可能导致法律风险的因素。这一原则强调风险识别的完整性和无遗漏性，是构建有效风险管理策略的基础。

在高校合同管理场景中，全面性原则的应用显得尤为重要。合同管理涉及多个环节，从合同起草、审查、签署到履行等各个阶段都可能存在法律风险。全面性原则要求对这些环节进行逐一审查，深入挖掘其中可能隐藏的法律问题。例如，在合同起草阶段需要仔细斟酌合同条款的表述，避免模糊不清或存在歧义的语言，以减少未来可能发生的纠纷；在审查阶段则需对合同的合法性、合规性以及条款的合理性进行全面评估，确保合同内容符合相关法律法规的要求；在签署阶段需要注意考察签约方的主体资格和委托授权是否齐全合规，确保合同的顺利履行；履约阶段更是要严格监督合同条款是否能按时履行，减少不能履行或者违约的风险和可能。

此外，全面性原则还意味着在风险识别过程中，应充分考虑各种可能的法律风险因素，包括合同主体的资质、合同条款的明确性、履行过程的可控性以及争议解决机制的有效性等。这些因素都可能对合同的执行产生重大影响，进而引发法律风险。因此，在风险识别时，必须对这些因素进行全面分析和评估，以确保合同管理的稳健性和安全性。

2. 系统性原则

系统性原则是指在风险识别过程中，应构建一个系统化、结构化的分析框架，以全面、有序地识别和评估合同管理中的法律风险。这一原则强调风险识别的条理性和逻辑性，旨在通过系统性的方法，确保风险识别的准确性和高效性。

系统性原则要求风险识别者不仅关注单一的法律问题，更要从合同管理体系的整体出发，理解各个环节的内在联系和相互影响。在高校合同管理中，这意味着要从合同的起草—审查—签署—履行—终止的全过程进行系统的法律风险分析。通过这种方式，可以揭示出潜在的法律风险点以及它们之间的关联点，为制定针对性的风险应对措施提供有力支持。

系统性原则还强调风险识别的层次性和结构化。在识别过程中，应将合同管理过程中的法律风险进行分类和分层，明确各类风险的主次关系和重要程度。这种结构化的风险识别方法有助于高校更加清晰地了解自身面临的主要法律风险，从而优先处理那些对合同管理影响最大的风险因素。同时，系统性原则也鼓励采用定量和定性相结合的风险评估方法。通过量化风险的大小和发生概率，以及定性分析风险的可能和应对措施，可以更加全面地评估合同管理中的法律风险。这种综合性的评估方法有助于高校更加科学地制定风险管理策略，提高合同管理的安全性和稳健性。

3. 前瞻性原则

前瞻性原则是指在风险识别过程中，应具备前瞻性的思维和视野，能够预见并识别未来可能出现的法律风险。这一原则强调风险识别的预见性和主动性，旨在通过提前预测和识别潜在的法律风险，为高校合同管理提供有效的风险预警和防范措施。

前瞻性原则要求风险识别者不仅要关注当前已经显现的法律风险，更要根据市场环境、法律法规的变化趋势以及合同履行的实际情况，预测未来可能出现的风险点。这需要识别者具备敏锐的市场洞察力和法律预判能力，能够准确把握合同管理领域的发展动态，及时调整和完善风险识别策略。

在高校合同管理中，前瞻性原则的应用具有重要意义。随着法律法规的不断更新和市场环境的变化，高校在合同履行过程中可能会面临新的法律风险。通过前瞻性的风险识别，高校可以在风险发生前采取有效的预防措施，避免或减少损失。例如，在合同签订前，对合作方的资信状况、履约能力等进行深入调查，以预防未来的违约风险；在合同履行过程中，密切关注相关法律法规的变化，及时调整合同条款，以确保合同的合法性和有效性。此外，前瞻性原则还鼓励高校在风险识别过程中保持开放和灵活的态度。随着合同管理实践的不断深入，高校可能会遇到前所未有的法律风险。因此，前瞻性原则要求高校保持敏锐的洞察力和创新精神，不断探索和完善风险识别方法，以应对未来可能出现的各种法律风险挑战。

4. 连续性原则

连续性原则是指在合同管理过程中，风险识别不是一个孤立或一次性的活动，而是一个持续不断、循环往复的过程。这一原则强调了风险识别的持久性和动态性，以确保高校能够及时应对合同管理过程中不断变化的法律风险。

连续性原则要求高校建立常态化的风险识别机制。由于市场环境、法律法规以及合作方状况等都可能随时间发生变化，因此高校需要定期或不定期地对合同进行风险评估，以便及时发现和解决潜在的法律问题。这种常态化的风险识别机制有助于高校保持对合同管理风险的持续监控，从而确保合同管理的稳健性和安全性。

连续性原则还体现在对合同管理全过程的持续关注上。因此，高校需要在整个合同管理过程中保持高度的警惕性，对每个环节进行细致的风险识别和分析。这种全过程的持续关注有助于高校全面了解合同管理中的法律风险，并采取有效的应对措施。连续性原则也要求高校在风险识别过程中保持灵活性和适应性。随着外部环境的变化和内部管理的需要，高校可能需要调整其合同管理策略和风险识别重点。因此，连续性原则鼓励高校根据实际情况灵活调整风险识别的方法和流程，以确保风险识别的准确性和有效性。

5. 专业性原则

专业性原则是指在风险识别的过程中，应依托具备专业知识和实践经验的人员进行深入的分析和准确的判断。这一原则凸显了专业知识和专业技能在风险识别中的重要性，是确保风险识别准确性和可靠性的关键。

专业性原则要求参与风险识别的人员必须具备扎实的法律专业知识和丰富的实践经验。合同管理涉及的法律问题复杂多样，包括但不限于合同法、知识产权法、劳动法、政府采购法、教育法等多个领域。只有具备相关法律背景的专业人员，才能准确理解合同条款的法律含义，识别出潜在的法律风险。专业性原则强调在风险识别过程中应运用专业的分析方法和工具。这包括对合同条款的逐条审查、对合同双方权利义务的深入分析、对合同履行过程中可能出现的法律问题的预测等。这些专业的分析方法和工具能够帮助识别者更加全面、深入地了解合同管理中的法律风险。

（二）风险识别的方法和流程

1. 风险识别方法

高校合同法律风险识别机制中的风险识别方法，是构建在全面性、系统性、前瞻性、连续性和专业性原则基础上的关键环节。这一环节要求高校能够运用科学、合理的方法来有效识别合同管理过程中潜在的法律风险。

在风险识别过程中，高校通常会采用多种方法来确保识别的全面性和准确性。这些方法包括但不限于：

第一，文献分析法。即通过对相关法律法规以及合同条款的深入研读，来发现可能存在的法律风险点。这种方法能够帮助识别者了解合同管理的法律环境和规定，从而避免违规操作。

第二，案例分析法。通过对历史上类似案例的研究，可以总结出一些常见的法律风险类型和应对策略。这种方法能够使高校从他人的经验中吸取教训，提升自身的风险管理能力。

第三，专家咨询法。邀请法律专家或咨询顾问对合同管理进行专业评估。他们丰富的经验和专业知识能够帮助高校更准确地识别潜在的法律风险。

第四，流程图分析法。通过绘制合同管理流程图，可以清晰地展示出各个环节和步骤，有助于发现流程中可能存在的漏洞和风险点。

第五，风险评估矩阵法。结合风险的发生概率和可能造成的损失，对识别出的法律风险进行排序和分类。这种方法有助于高校优先处理那些发生概率高、损失严重的风险。

此外，随着信息技术的发展，高校还可以尝试利用大数据和人工智能技术进行法律风险识别。这些技术能够对大量的合同数据进行深度挖掘和分析，从而更精确地预测和识别潜在的法律风险。

2. 风险识别流程

高校合同法律风险识别机制的风险识别流程，是一个严谨且系统的过程，它遵循一定的逻辑顺序和操作步骤，以确保风险能够被全面、准确地识别。

风险识别流程起始于对合同管理环境的初步分析。这一步骤中，高校会审视当前的法律环境、市场状况以及合同管理的内部制度和实践。通过初步分析，高校能够确定可能影响合同管理的外部和内部因素，为后续的风险识别奠定基础。接着，高校会收集与合同管理相关的详细信息和数据。这包括但不限于合同的类型、条款内容、履行情况、纠纷记录。这些数据的收集可以通过多种方式进行，如查阅合同档案、与合同相关方沟通、市场调研等。这一步骤的目的是建立起一个全面、准确的信息基础，以便更好地识别潜在的法律风险。

在信息收集的基础上，高校会进行具体的风险识别活动。这一过程中，高校会运用各种风险识别方法，如前文所述的文献分析法、流程图分析法、案例分析法等来系统地查找和确定合同管理中存在的法律风险。这些风险可能涉及合同主体的合法性、合同条款的合规性、合同履行过程中的不确定性等多个方面。识别出潜在的法律风险后,高校会对这些风险进行进一步的分析和评估。这一步骤中,高校会考虑风险的发生概率、可能造成的损失程度以及风险的可控性等因素,以便对风险进行排序和分类。通过这种分析和评估,高校能够明确哪些风险是需要优先关注和处理的。基于风险识别和分析的结果,高校会制定相应的风险应对措施和预案。这些措施可能包括完善合同管理制度、加强合同履行过程的监控、提高合同管理人员的法律素养等。通过这些措施的实施,高校能够有效地降低或规避潜在的法律风险,保障合同管理的安全和效率。

二、法律风险评估体系构建

(一) 评估体系框架

高校合同法律风险评估体系的构建是一个系统性工程,涉及多个层面的法律、管理和风险评估要素。这一体系的构建对于高校在对外交流与合作中规避法律风险,保障自身权益具有至关重要的作用。

1. 法律风险评估体系构建

进行法律风险评估体系构建时,需要明确高校合同法律风险评估体系的核心目标。这一体系旨在识别和评估高校在签订和履行各类合同过程中可能面临的法律风险,进而为高校提供科学的决策依据,以减少不必要的法律纠纷和经济损失。因此,评估体系的构建必须紧密围绕高校的实际运营情况,结合法律法规的要求,以及市场动态。在构建评估体系时,应考虑以下几个关键维度:合同的合法性、合规性、履行可行性以及潜在的法律纠纷风险。合同的合法性评估主要关注合同条款是否符合国家法律法规,是否存在违反法律强制性规定的情况;合规性评估则侧重于合同内容是否与高校的内部规章制度相符,是否遵循了高校的管理流程和审批程序;履行可行性评估关注的是合同约定的各项义务是否能够在实际操作中得以履行,是否存在因资源、技术等原因导致的履行障碍;潜在的法律纠纷风险评估则是为了预防和减少因合同履行不当而可能引发的法律诉讼或仲裁。

2. 法律风险评估

为了有效地进行评估，需要建立一个多层次的评估指标体系。这个体系应包括定性指标和定量指标，以全面反映合同法律风险的各个方面。定性指标可以包括合同条款的明确性、双方权利义务的平衡性、争议解决机制的合理性等；定量指标则可以涉及合同金额、履行期限、违约责任等可以量化的因素。在评估方法上，可以综合运用问卷调查、专家打分、案例分析等多种方法，以确保评估结果的客观性和准确性。同时，评估过程中还应充分考虑高校自身的特点，比如学科优势、科研实力、人才资源等，这些因素都可能对合同的履行和风险产生影响。评估体系的构建还需要注重动态性和灵活性。由于法律法规的变更、市场环境的演变以及高校自身发展情况的变化，评估体系应能够进行相应的调整和优化。这就要求在构建评估体系时，不仅要考虑当前的情况，还要对未来可能的变化进行预测和规划。此外，高校合同法律风险评估体系的构建还需要与高校的整体风险管理策略相协调。这包括与高校的法律顾问、财务部门、采购部门等多个相关部门进行充分的沟通和协作，以确保评估结果的有效性和适用性。

（二）风险评估指标与权重分配

高校合同法律风险评估体系的构建中，风险评估指标与权重分配是极为关键的一环。这一环节的科学性和精准性直接决定了评估体系的有效性和实用性。

1. 风险评估指标

风险评估指标是评估体系中的核心要素，它们构成了评估合同法律风险的基础。在选择和确定这些指标时，必须遵循科学性、全面性和可操作性原则。科学性要求指标必须基于法学、风险学等相关学科的理论和实践，确保每一个指标都有明确的科学依据。

2. 权重分配

权重的分配直接反映了各个指标在评估体系中的重要性和影响力。因此，这一步骤必须严谨而细致。权重的分配应基于深入的数据分析和专家咨询，可以通过对历史合同法律风险的统计和分析，确定哪些风险因素是法律纠纷和经济损失的主要原因，从而赋予这些风险因素更高的权重。还可以邀请法学专家、风险管理专家等对相关指标进行打分和评价，进一步调整和优化权重的分配。权重的分配还应考虑高校自身的实际情况和需求。不同类型的高校、不同的合同类型都可能面临不同的法律风险。因此，权重的分配应具有一定的灵活性和针对性，能够根据实际情况进行调整和变化。值得注意的是，风险评估指标与权重分配并不是一成不变的。随着市场环境的变化以及高校自身的发展，需要定期对评估指标和权重进行审查和调整，以确保评估体系的时效性和准确性。

（三）风险评估的实施步骤

高校合同法律风险评估体系的实施是确保评估工作有序、高效进行的关键环节。

1. 评估目标和范围的明确界定及数据收集

风险评估的实施始于对评估目标和范围的明确界定。这一步骤至关重要，因为它为后续的数据收集、风险识别和分析提供了清晰的方向。评估团队需要深入了解高校合同管理的现状，包括合同签订、履行、变更及终止等各个环节，从而确定评估的重点和难点。接下来是数据收集阶段，这是风险评估的基础工作。评估团队应通过查阅相关法律法规、高校内部规章制度、合同管理档案等，全面收集与合同管理相关的数据和信息。这些数据不仅应包括合同的基本信息，如合同类型、金额、期限等，还应涉及合同的执行情况、存在的问题以及可能的风险点。

2. 风险识别、评估和分析

在数据收集的基础上，评估团队将进行风险识别。这一阶段主要通过定性和定量分析方法，对收集到的数据进行深入挖掘和分析，以识别出合同中可能存在的法律风险。这些风险可能来源于合同条款的模糊性、双方权利义务的不对等、合同履行过程中的不确定性等多个方面。评估团队需要准确判断这些风险的大小、发生概率以及可能造成的损失。风险识别完成后，评估团队将对识别出的风险进行评估和分析。这一阶段旨在确定风险的大小、严重性和可控性，从而为后续的风险应对提供科学依据。评估团队将综合运用各种风险评估方法和技术，如风险矩阵、蒙特卡罗模拟等，对风险进行量化和定性评估。通过这一阶段的工作，评估团队将得出风险的大小排序、风险的发展趋势以及风险可能带来的损失等关键信息。

3. 风险应对措施和建议的制定

评估团队将根据风险评估的结果，制定相应的风险应对措施和建议。这些措施和建议应具有针对性和可操作性，能够帮助高校有效降低或规避合同法律风险。例如，对于合同条款不明确的问题，评估团队可能建议高校在签订合同时明确双方的权利义务、违约责任等关键条款；对于合同履行过程中的风险，评估团队可能建议高校加强合同履行过程的监控和管理，确保合同按照约定履行。

第二节　合同法律风险防范与控制措施

一、高校合同法律风险防范措施

（一）加强合同审查与审批

合同审查与审批是高校合同管理中的核心环节，其目的在于确保合同条款的合法性、合规性以及合同条款的明确性和完整性。通过严格的审查和审批流程，可以及时发现并纠正合同中潜在的法律问题和风险，从而保障高校的合法权益。

1. 加强合同审查

在加强合同审查方面，高校应设立专门的合同审查团队或委托专业的法律顾问进行审查。审查过程中，应重点关注以下几个方面：第一，要核实合同主体的合法性和资质，确保其具备签订合同和履行合同的能力；第二，要仔细审查合同条款，确保其符合国家法律法规和高校内部规章制度的要求，同时要注意条款之间的逻辑性和一致性；第三，要对合同中的关键内容进行深入分析和评估，如价格条款、交付期限、违约责任等，以确保其公平合理且符合高校的利益。

2. 加强合同审批

在审批环节，高校应建立完善的审批流程和标准。审批人员应全面了解合同的内容和背景，对合同的法律风险进行综合评价，并根据评价结果决定是否批准合同的签订。对于重大合同或涉及较高法律风险的合同，应提交高校领导层进行决策。同时，审批过程中应保持与合同审查团队的紧密沟通，确保审批决策的科学性和合理性。

3. 加强合同审查与审批的注意事项

加强合同审查与审批还需要注重以下几个方面：一要建立完善的合同管理制度和流程，明确各个环节的职责和要求；二要加强合同审查与审批人员的培训和教育，增强其法律素养和风险防范意识；三要充分利用信息化手段，提高合同审查与审批的效率和准确性。此外，高校还应定期对合同审查与审批工作进行检查和总结，及时发现并解决问题。对于在审查和审批过程中出现的失误或疏漏，应追究相关人员的责任，并采取措施进行改进。

（二）明确合同条款与双方责任

在现代法治社会中，合同是明确双方权利义务、规范交易行为的重要法律文件。对于高校而言，无论是进行科研合作、设备采购还是开展社会服务，都需要通过签订合同来明确各方的权利和义务。然而，合同管理不善或合同条款不明确，往往会给高校带来不必要的法律风险。

1. 明确合同条款

从合同法的角度来看，明确的合同条款是防范法律风险的第一道防线。合同条款的清晰性和精确性直接关系到合同双方的权利保护和义务履行。高校在签订合同时，必须确保合同内容详尽无遗，包括但不限于合作内容、质量标准、履行期限、费用及支付方式。这些内容的明确，不仅有助于双方对合作细节的把握，更能在发生争议时提供有力的法律依据。双方责任的明确同样是防范法律风险的关键。在合同中，应详细规定双方的违约责任，包括违约金、损失赔偿等条款。这样一来，一旦合同一方未能按照约定履行义务，另一方就可以依据合同条款追究其法律责任。这种责任的明确性，不仅能够约束合同双方的行为，还能在纠纷发生时提供解决问题的法律途径。

2. 注意合同语言的严谨性和准确性

高校在签订合同时，还应注意合同语言的严谨性和准确性。合同文本中的每一个词汇、每一个条款都可能成为未来解决纠纷的依据。因此，高校应组织专业法律人士对合同文本进行细致审查，确保合同内容无歧义、无遗漏。此外，高校还应建立完善的合同管理制度。这包括合同的起草、审批、签署、执行和归档等各个环节。通过规范的管理流程，可以确保合同的合法性和有效性，进而降低法律风险。在实践中，高校还需要根据不同类型的合同制定不同的风险防范策略。例如，在科研合作合同中，应重点关注知识产权的归属和使用问题；在设备采购合同中，则应注重产品质量保证和售后服务等条款。通过针对性的风险防范措施，高校可以更有效地管理合同风险，保障自身的合法权益。值得注意的是，高校合同法律风险的防范并非是一蹴而就的，而是需要持续的关注和改进。随着外部法律环境的变化和高校自身发展的需要，高校应不断调整和完善合同管理流程，以适应新的挑战和需求。

（三）建立合同履行监督机制

高校合同法律风险防范措施中，建立合同履行监督机制是至关重要的一环。在高校运营过程中，合同涉及各种资源采购、科研合作、技术服务等。由于合同条款的复杂性和执行过程中的多变性，如果没有一个有效的履行监督机制，就可能导致合同执行不力、权益受损甚至引起法律纠纷。因此，建立合同履行监督机制对于高校来说具有极其重要的意义。

1. 设立专门的合同履行监督机构

高校应设立专门的合同履行监督机构或指定相关部门负责此项工作。这些机构或部门的职责应包括：对合同履行情况进行定期或不定期的检查，确保双方按照合同约定履行义务；及时发现和解决合同履行过程中出现的问题；

在发生争议时，协助相关部门进行调解或诉讼等。监督机制应对合同履行的全过程进行严密监控，包括合同各方的履约情况、进度控制、质量标准等方面。通过实时监控和数据分析，可以及时发现异常情况并采取应对措施。有效的信息反馈和沟通是合同履行监督机制的重要组成部分。监督机构应建立畅通的信息渠道，及时收集合同履行过程中的相关信息，并向高校管理层报告。同时，应与合同方保持良好的沟通，共同解决合同履行过程中遇到的问题。

2. 将合同履行监督机制纳入学校管理制度

高校应将合同履行监督机制纳入学校的管理制度，明确相关部门的职责和权限，确保监督工作的有效进行。组建一支具备法律、财务、审计等专业知识的团队，负责合同履行监督的具体工作。团队成员应定期接受培训，以提高自身的专业素养和监督能力。利用现代信息技术手段，如合同管理信息系统等，提高合同履行监督的效率和准确性。通过数据分析，可以更加直观地了解合同履行的整体情况，为决策提供支持。建立合同履行情况的奖惩机制，对于履约情况良好的合作方给予更多的合作机会；对于违约行为，则依法追究其责任，并要求其弥补相应的损失。

二、高校合同法律风险控制措施

（一）风险预警与应急响应机制

风险预警与应急响应机制是现代高校管理体系中不可或缺的部分。这一机制对于预防、减轻乃至解决因合同履行不当而引发的法律风险具有重要意义。

1. 风险预警机制

风险预警机制在高校合同管理中的应用，其核心在于构建一个能够及时发现潜在法律风险并发出预警的系统。该系统应通过定期评估合同的履行情况、监控合同关键指标的变化，以及密切关注与合同相关的外部法律环境的变化，从而实现对潜在法律风险的敏锐捕捉。一旦识别到可能的风险点，预警机制应能迅速将相关信息传递给合同管理部门及高校决策层，确保风险在萌芽状态就得到妥善处理。

2. 应急响应机制

应急响应机制则是在风险预警之后，为应对已经发生的法律风险而设计的一套快速反应流程。当风险预警机制触发后，应急响应机制应立即启动，组织专家团队对风险进行深入分析，制定针对性的应对措施。这一机制要求高校具备高效的内部沟通和协调能力，确保在风险事件发生时能够迅速调动各方资源，形成合力，将风险带来的损失最小化。

3. 风险预警与应急响应机制实际建设

在实际操作中，风险预警与应急响应机制的建设应注意以下几个方面：

第一，数据驱动的预警系统。通过建立数据库，收集并分析过往合同履行过程中的数据，包括合同金额、履约时间、违约情况等关键指标。利用大数据分析和人工智能技术，对这些数据进行深度挖掘，以发现潜在的风险模式，并据此设定合理的预警阈值。

第二，跨部门协作。风险预警与应急响应不仅涉及合同管理部门，还需要法务、财务、审计等多个部门的紧密配合。因此，高校应建立跨部门的协作机制，确保信息在各部门间高效流通。

第三，定期演练与培训。为了检验风险预警与应急响应机制的有效性，并提升相关人员的应对能力，高校应定期组织模拟演练和培训活动。通过这些活动，可以发现机制中存在的问题并进行改进，同时增强团队成员的应急反应能力和协作精神。

第四，持续改进与优化。风险预警与应急响应机制不是一成不变的。随着高校运营环境的变化和法律法规的更新，该机制也需要不断地进行调整和优化。高校应设立专门的团队负责机制的维护和更新工作，确保其始终与当前的法律风险环境相匹配。

（二）合同纠纷处理与诉讼应对

合同纠纷处理与诉讼应对环节对于维护高校的合法权益，防止经济损失和声誉损害具有重要意义。

合同纠纷是高校在合同管理过程中难免会遇到的问题，有效的处理机制能够迅速化解矛盾，减少不必要的法律争端。建立完善的合同管理制度，确保合同条款的明确性和合法性，是预防合同纠纷的首要步骤。高校应设立专门的法务团队或委托专业法律顾问，对所有合同进行细致审查，以便在合同签订之初就尽可能规避潜在的风险。加强对合同履行过程的监督，确保双方均按照合同约定履行义务，也是预防合同纠纷的重要手段。

一旦发生合同纠纷，高校应首先尝试通过友好协商解决问题。协商过程中，双方可以就争议点进行深入讨论，寻求互利共赢的解决方案。若协商无果，可以考虑邀请第三方进行调解。调解作为一种非诉讼解决方式，具有灵活性和高效性的特点，往往能够帮助当事人在对立情绪较低的情况下达成共识。如果协商和调解均未能解决问题，高校需做好仲裁或诉讼的准备。这包括收集并整理相关证据材料、明确争议焦点、以及咨询专业律师的意见等。

当合同纠纷无法通过协商、调解或仲裁解决时，诉讼可能成为最终的解决途径。高校应建立或委托一支专业的法律团队，该团队应具备丰富的法律知识和实践经验，能够熟练应对各种复杂的法律问题。法律团队应密切关注案件进展，为高校提供及时的法律咨询和策略建议。在诉讼过程中，证据的收集与整理至关重要。高校应妥善保存与合同纠纷相关的所有文件、邮件、合同等原始资料，并确保证据的真实性和完整性。必要时，高校可寻求专业人士的协助，以获取更有力的证据支持。根据案件的具体情况和法院的判决倾向，法律团队应为高校制定切实可行的诉讼策略。在诉讼过程中，高校应积极配合法律团队的工作，争取最有利的结果。

（三）风险转移与分担策略

风险转移与分担策略是一种重要的风险管理手段，旨在通过合理的安排，将合同风险进行分散、转移或共担，以降低高校在合同履行过程中可能遭受的损失。

1. 风险转移策略

风险转移策略的核心思想是将潜在的风险通过合同安排、保险等方式转移到其他主体上，从而减少高校自身承担的风险。高校在与合作方签订合同时，可以通过明确的责任划分和细致的条款设置，将部分风险转嫁给合作方。例如，在科研合作合同中，可以约定由合作方承担研发失败的风险，或者在设备采购合同中，要求供应商承担产品质量问题的风险。通过选择信誉良好、实力雄厚的合作方，高校可以进一步降低风险。这需要对合作方进行严格的资质审查和信誉评估，确保其有足够的能力履行合同义务。高校还可以为重要的合同项目购买保险，以转移潜在的经济损失风险。例如，为大型科研项目购买科研保险，以确保在项目失败和发生意外时能够得到经济赔偿。保险种类的选择和保险金额的确定需要根据合同项目的具体情况和高校的财务状况进行合理规划。

2. 风险分担策略

风险分担策略则是通过与合作方共同承担责任来分散风险，这通常涉及利益共享和风险共担的安排。高校与合作方可以在合同中约定风险共担条款，明确双方在不同风险事件下的责任和义务。这种机制能够激励合作双方更加谨慎地履行合同，减少单方违约的风险。在科研合作中，高校和企业可以共同投资研发项目，分享研发成果和知识产权，从而共同承担研发风险和市场风险。高校可以在合同中约定设立风险准备金，用于应对可能发生的合同风险。这笔资金可以由合作双方共同出资，也可以根据合同约定由一方承担。风险准备金的规模和使用方式需要在合同中明确约定，并确保其专款专用，以应对潜在的风险事件。

（四）合同档案管理与信息安全

合同档案管理与信息安全是确保高校合法权益不受侵害、保障合同管理流程顺畅进行的关键环节。合同管理作为高校管理的重要组成部分，其档案管理和信息安全的保障工作尤为重要。这不仅关系到高校的经济利益，更影响到高校的声誉和未来发展。因此，建立完善的合同档案管理机制和确保信息安全，对高校而言具有深远的意义。

合同档案管理需要遵循系统性、完整性和安全性的原则。高校应设立专门的档案管理部门或指定专人负责管理，确保合同档案的收集、整理、归档、借阅等环节都有明确的规范和操作流程。同时，建立完善的档案分类和索引系统，便于快速检索和查询，提高档案管理效率。

在信息安全方面，高校需要采取多种措施来防范潜在的风险。一是物理安全，即确保合同档案存放地点的安全，防止未经授权的人员接触或破坏档案资料。二是网络安全，对于电子化的合同档案，高校应建立完善的网络安全防护体系，包括防火墙、入侵检测系统、数据加密等技术手段，以防止黑客攻击和数据泄露。此外，高校还应重视合同信息的保密工作。对于涉及商业机密或个人隐私的合同信息，应严格限制访问权限，并采取加密存储和传输的措施。同时，定期对档案管理人员进行保密教育和培训，增强他们的保密意识和能力。

为了确保合同档案管理的持续性和有效性，高校需要定期进行档案检查和评估工作。这包括对档案资料的完整性、准确性和安全性进行检查，以及评估档案管理流程的合理性和效率。通过定期的检查和评估，高校可以及时发现并纠正档案管理中存在的问题和不足，从而不断完善和提升合同管理水平。在信息安全管理方面，高校还应建立完善的应急预案和灾难恢复计划。一旦发生信息安全事件，如数据泄露、系统故障等，高校应能够迅速响应并采取有效措施进行处置和恢复工作。这要求高校不仅要有完备的技术手段来应对各种可能的安全威胁，还需要有一支专业的应急响应团队来执行预案和计划。

第三节　合同法律风险管理培训与宣传

一、高校合同法律风险管理培训

（一）培训目标与内容设计

1. 增强法律风险意识

增强相关人员的法律风险意识对于高校规范合同管理、减少合同纠纷、保护学校合法权益具有重要意义。增强法律风险意识是预防合同法律风险的首要步骤。通过培训，使高校教职员工，特别是合同管理人员和相关工作人员充分认识到合同管理的重要性和潜在的法律风险。这种意识的提升有助于他们在日常工作中更加谨慎地处理合同事务，避免不必要的法律纠纷。

在内容设计上，培训应介绍合同法律风险的基本概念，包括合同法律风险的定义、类型以及可能给高校带来的损失。通过案例分析，展示合同管理不善导致的法律纠纷和经济损失，使参训人员直观感受到法律风险的实际影响。培训应重点关注如何增强法律风险意识。这包括教授参训人员如何识别合同中的潜在法律风险，如合同条款的模糊性、双方权利义务的不明确等。同时，培训还应强调合同审查的重要性，教授参训人员如何进行初步的合同审查，以确保合同条款的合法性和合规性。

培训还应涉及合同履行过程中的法律风险防控。这包括合同履行中的变更管理、违约责任认定与处理等方面。通过讲解实际案例，使参训人员了解在合同履行过程中可能遇到的问题及应对策略。为了增强培训效果，可以采用互动式教学方式，如小组讨论、角色扮演等，让参训人员积极参与其中，加深他们对法律风险的认识和理解。同时，培训结束后可以进行知识测试，以检验参训人员的学习成果。

2. 掌握合同管理基本技能

在高校运营过程中，合同管理是一项至关重要的任务。由于高校规模的扩大和对外合作的增多，合同涉及的事项日益繁杂，这要求相关人员必须掌握合同管理的基本技能。因此，开展高校合同法律风险管理培训显得尤为重要。

合同管理基本技能的掌握有助于高效规避法律风险。合同管理不仅仅是简单的文档处理和存储，更涉及法律、财务、项目管理等多个领域。通过专业培训，相关人员可以更加准确地识别合同中的法律风险点，如合同主体的合法性、条款的明确性、履约的可行性等，从而在合同签订前进行有效的风险规避。掌握合同管理基本技能可以提升高校的运营效率。合同管理涉及多个部门和多种资源的协调，如果管理不善，很容易导致资源浪费和效率低下。通过培训，相关人员可以更加熟悉合同管理的流程和规范，提高工作效率，减少不必要的沟通和协调成本。

为了有效实施高校合同法律风险管理培训，并帮助相关人员掌握合同管理基本技能，可以根据高校的实际需求和人员特点，制定针对性的培训计划。培训内容应涵盖合同管理的基础知识、法律法规、实践操作等多个方面。除传统的课堂讲授外，还可以结合案例分析、小组讨论、角色扮演等多种教学方式，提高培训的互动性和实效性。通过模拟实际合同管理场景，让参训人员进行实践操作，从而加深对合同管理流程和规范的理解。在培训过程中和结束后，及时收集参训人员的反馈意见，以便不断优化培训内容和方式。

（二）培训方法与实施计划

1. 线上线下相结合的培训方式

在高校合同法律风险管理的培训中，采用线上线下相结合的培训方式显得尤为重要。这种方式不仅能够有效覆盖更广泛的受众，还能提高培训的灵活性和互动性，从而更好地达到预期的培训效果。

线上培训，通过网络平台进行知识的传授和交流，具有时间和空间上的灵活性。对于高校教职员工来说，他们可以在不受地域和时间限制的情况下参与培训，这大大提高了培训的可达性和便利性。此外，线上培训还可以利用丰富的多媒体资源，如视频、音频、动画等，使培训内容更加生动、形象，有助于加深参训人员对合同法律风险管理知识的理解和记忆。然而，单纯的线上培训也存在一定的局限性，比如缺乏面对面的交流和互动，可能导致参训人员的学习体验不够深入。线下培训的优势在于其能够提供实践操作和面对面的交流机会。通过组织研讨会、讲座、案例分析等形式的线下活动，参训人员可以更加直观地了解合同管理中的实际问题。

将线上和线下培训方式结合，可以充分发挥两者的优势，弥补彼此的不足。具体来说，线上培训可以为参训人员提供基础知识和理论知识，帮助他们建立对合同法律风险管理的整体认知；而线下培训则可以在此基础上进行深化和拓展，通过实践操作和专家指导，使参训人员更加熟练地掌握合同管理的基本技能。此外，线上线下相结合的培训方式还有助于提升参训人员的学习兴趣和参与度。线上培训可以利用其灵活性和多媒体资源吸引参训人员的注意力，而线下培训则可以通过实际操作和互动交流来巩固和深化所学知识，从而激发参训人员的学习热情和主动性。

2. 定期培训与考核机制

在高校合同法律风险管理领域，定期培训与考核机制扮演着至关重要的角色。这一机制不仅有助于提升教职员工的合同管理意识和能力，还能确保高校在日益复杂的法律环境中稳健运营。

（1）定期培训

定期培训是提升合同管理水平的有效途径。高校合同管理涉及法律、财务、项目管理等多个专业领域，要求相关人员具备全面的知识和技能。然而，随着法律法规的不断更新和市场环境的变化，仅凭一次性的培训或学习显然无法满足长期的需求。因此，通过定期培训，可以确保教职员工及时掌握最新的法律法规和合同管理最佳实践，从而在工作中更加游刃有余。

（2）考核机制

考核机制是检验培训效果、确保知识转化的重要环节。培训的目的是提高教职员工的合同管理能力和风险防范意识，而考核则是检验这些能力和意识是否真正得到提升的方式。通过设定明确的考核标准和方式，可以客观地评估教职员工的学习成果，进而针对不足之处进行有针对性的补充和提升。

（3）定期培训与考核机制实施

在实施定期培训与考核机制时，高校应根据自身的实际情况和需求，制定合理的培训计划和内容。培训计划应明确培训的时间、地点、参与人员以及培训方式等要素，确保培训的全面性和系统性。同时，培训内容应涵盖合同管理的基础知识、法律法规、风险识别与防范等，以满足教职员工在实际工作中的需求。为了增强培训效果，高校可以采用多样化的培训方式，如讲座、案例分析、角色扮演等。这些方式不仅可以增加培训的趣味性和互动性，还能帮助教职员工更好地理解和掌握合同管理知识和技能。考核机制应确保公平、客观和全面。高校可以设定明确的考核指标和评分标准，如合同管理知识测试、模拟合同管理场景演练等，以全面评估教职员工的学习成果。同时，考核结果应及时反馈给参训人员，以便他们了解自己的不足并进行改进。高校应定期收集教职员工的反馈意见，了解他们对培训内容和方式的满意度以及改进建议。根据这些反馈，高校可以及时调整培训方案和考核机制，以确保培训效果的不断提升。

二、高校合同法律风险宣传与教育

（一）宣传策略与渠道选择

1. 校园内外的宣传途径

在高校环境中，合同法律风险的宣传与教育尤为重要。这不仅关系到学校的正常运营，更与师生的切身利益息息相关。因此，通过多种途径在校园内外进行广泛而深入的宣传与教育，成为提升师生合同法律意识、防范法律风险的关键。

（1）校园内部宣传

校园内部的宣传是基础且重要的一环。课堂教育作为高校教育的主阵地，可以融入合同法律风险的相关内容。例如，在法学、管理学等相关课程中，教师可以结合实际案例，讲解合同签订、履行及纠纷处理中可能遇到的法律风险，并引导学生进行讨论和思考。此外，学校还可以定期举办合同法律风险的专题讲座或研讨会，邀请法律专家、学者进行授课，为师生提供与专家面对面交流的机会。除了课堂教育和专题讲座，校园内的宣传栏、公告板等也是不可忽视的宣传阵地。学校可以定期在这些地方张贴关于合同法律风险的宣传海报、标语等，以"图文并茂"的形式吸引师生的注意，传递相关法律知识和风险防范技巧。

（2）校园外部宣传

在校园外部，高校可以利用其社会影响力，通过各种媒体平台进行合同法律风险的宣传。例如，学校可以与当地电视台、广播电台合作，制作并播放相关专题节目或公益广告。同时，利用互联网平台，如学校官方网站、微信公众号等，发布合同法律风险的文章、案例分析和解读，以扩大宣传范围，增强社会大众的法律意识。此外，高校还可以与社区、企业等合作，共同开展合同法律风险的宣传与教育活动。例如，组织师生进入社区进行普法宣传，为社区居民提供法律咨询和帮助；与企业合作，开展针对性的培训课程，提高企业员工的合同法律意识和风险防范能力。值得一提的是，高校在进行合同法律风险宣传与教育时，应注重内容的时效性和实用性。法律法规不断更新，市场环境也在不断变化，因此宣传内容应随之调整，以确保信息的准确性和有效性。同时，宣传与教育的方式方法也应不断创新和改进，以更好地吸引受众的注意力和提升宣传效果。

2. 利用新媒体进行宣传

在当今数字化时代，新媒体已成为信息传播的重要渠道，其快速、广泛且互动性强的特点使得新媒体在宣传与教育领域具有显著优势。对于高校合同法律风险的宣传与教育而言，利用新媒体进行宣传不仅能够有效扩大覆盖面，还能提高宣传的针对性和实效性。

新媒体的即时性有助于确保合同法律风险信息的及时更新与传播。高校可以通过官方微博、微信公众号等新媒体平台，迅速发布最新的法律法规以及合同管理相关案例。这种即时更新的宣传方式，能够让师生及时了解到合同管理领域的最新动态，从而更好地规避法律风险。新媒体的互动性能够增强合同法律风险宣传的吸引力和影响力。通过在新媒体平台上开设话题讨论、在线问答等互动环节，可以吸引更多人参与讨论，提高受众的参与度和黏性。这种互动式的宣传方式不仅能够让受众更加深入地了解合同法律风险，还能帮助高校收集到更多关于合同管理方面的反馈和建议，以便进一步完善宣传与教育内容。

新媒体的个性化推送功能可以提升合同法律风险宣传的精准度。高校可以利用大数据和人工智能技术，对受众进行细分，并根据不同受众群体的需求和特点，定制个性化的宣传内容。例如，针对法学专业的学生，可以推送更加专业和深入的合同管理案例分析；而对于其他专业的学生，则可以推送更加通俗易懂的法律知识和风险防范技巧。此外，新媒体的多媒体特性也使得宣传更加生动有趣。高校可以利用图片、视频、动画等多媒体形式，将枯燥的法律条文和复杂的案例以更加直观、形象的方式呈现出来。这种寓教于乐的宣传方式能够降低法律知识的门槛，激发受众的学习兴趣，从而强化宣传效果。

在实施利用新媒体进行合同法律风险宣传与教育时，高校还应注意以下几点：一要确保宣传内容的准确性和权威性，避免因信息传播失真而引发误导；二要注重宣传的持续性，定期更新内容，保持与受众的互动；三要充分利用新媒体的数据分析功能，及时评估宣传效果，以便不断调整和优化宣传策略。

（二）教育内容与形式创新

1. 举办讲座与研讨会

在高校合同法律风险的宣传与教育中，举办讲座与研讨会是一种极具效果的方式。这种方式能够直接、高效地向师生传递合同管理相关的法律知识和风险防范技巧，提升他们的法律意识和应对能力。

（1）针对性强

讲座与研讨会具有针对性强的特点。高校可以邀请法律领域的专家、学者或实务工作者，就合同管理中的热点问题、难点问题进行深入讲解和探讨。这些专家通常具有丰富的理论知识和实践经验，能够为师生提供最具权威性和前沿性的法律指导。通过讲座与研讨会，师生可以了解到最新的法律法规以及合同管理中的实际操作技巧，从而更好地规避法律风险。

（2）提供交流平台

讲座与研讨会为师生提供了一个与专家面对面交流的平台。在讲座或研讨会结束后，通常会有互动环节，师生可以向专家提问，就自己在合同管理过程中遇到的问题寻求解答。这种互动不仅能够加深师生对法律知识的理解，还能帮助他们解决实际工作中遇到的难题。通过举办讲座与研讨会，高校可以营造一个浓厚的法治氛围。在这种氛围中，师生会更加重视合同管理中的法律问题，增强法律意识，提高风险防范能力。同时，讲座与研讨会也能促进校园内各部门之间的交流与合作，共同推动高校合同管理工作的规范化、科学化。

（3）提升高校的社会影响力

讲座与研讨会的举办还能在一定程度上提升高校的社会影响力。当高校邀请到的讲座嘉宾或研讨专家具有较高的社会知名度时，会吸引更多校外人士的关注和参与。这不仅有助于扩大高校的影响力，还能促进高校与社会的交流与合作。

2. 制作宣传资料与手册

在高校合同法律风险的宣传与教育工作中，制作宣传资料与手册扮演着举足轻重的角色。这些资料不仅是普及法律知识、提升风险意识的重要工具，还是师生在遇到合同管理问题时可以随手查阅的实用指南。

（1）宣传资料与手册的制作

制作宣传资料与手册的首要目的是普及合同管理相关的法律知识。通过将这些知识以简洁明了、易于理解的方式呈现出来，可以帮助师生更好地了解合同的基本要素、法律风险及防范措施，从而增强他们的法律素养和风险意识。此外，这些资料还起到了规范指导的作用。在手册中，可以明确列出合同签订、履行、变更和解除等各个环节的注意事项和操作流程，为师生提供标准化的行为指南，减少因操作不当而引发的法律风险。

（2）宣传资料与手册的内容

宣传资料与手册的内容应涵盖合同管理的基础知识、常见法律风险及防范措施、案例分析等方面。在编排上，要注重逻辑性和条理性，确保读者能够快速找到所需信息。为了避免法律术语的晦涩，宣传资料与手册应采用通俗易懂的语言进行表述。同时，可以通过举例、对比等方式，帮助读者更好地理解和掌握相关知识。在设计上，宣传资料与手册应注重版面的清晰、美观和易读性。通过合理的排版、配色和插图等手段，提升读者的阅读体验，使其更加乐于接受和传播这些信息。

（3）宣传资料与手册的发放

制作完成的宣传资料与手册应通过多种渠道进行发放，如学校图书馆、学院办公室、学生宿舍等，确保师生能够方便获取。同时，还可以利用校园网站、微信公众号等线上平台进行电子版的分享与传播，扩大宣传覆盖面。在使用过程中，高校应鼓励师生积极查阅这些资料，并将其作为日常学习和工作的参考工具。此外，还可以定期组织相关的知识竞赛或培训活动，激发师生的学习兴趣，提高宣传资料与手册的利用率。

第七章　高校合同争议解决与法律责任

第一节　合同争议的类型与解决方式

一、高校合同争议的主要类型

（一）合同有效性争议

从合同签订的角度来看，有效性争议可能源于程序上的不合规。高校在签订合同时，必须遵循严格的法律程序和内部管理规定。若合同签订过程中存在任何违规操作，如未进行公开招标、未经上级部门审批或未遵循相关法律法规，都可能导致合同的有效性降低。这种情况下，争议点主要在于合同签订过程是否严格遵守了法定程序和规定。合同有效性争议还可能由合同主体的资格问题引发。高校作为教育事业单位，其对外签订合同的资格和能力受到法律的严格约束。如果高校内部机构或个人在未经授权的情况下擅自对外签订合同，或者与不具备相应资质和能力的第三方签订协议，这些合同很可能被视为无效。同时，如果合作方不具备签订合同的法定资格，如未取得相关经营许可证或资质证书，也会导致合同无效。合同内容的合法性和真实性是判断合同是否有效的核心因素。合同条款必须符合国家法律法规，不得含有任何违法、违规或损害社会公共利益的内容。例如，合同中关于双方权利义务的约定必须明确且合法，若存在模糊不清或违法违规的条款，将直接影响合同的有效性。此外，合同的真实性也至关重要，任何虚假陈述或欺诈行为都可能导致合同无效。

（二）合同文本理解争议

高校合同文本理解争议指的是在高校与他人订立的合同中，由于合同条款表述的模糊性、歧义性或多义性，导致合同各方对条款内容产生不同解读而引发的争议。这类争议在高校合同管理实践中屡见不鲜，且对高校的日常运营和法律关系稳定有着重要影响。

合同文本理解争议的产生往往与合同起草的精确度和清晰度有关。在高校合同中，如果条款表述不够明确、具体，就容易给各方留下不同的解释空间。例如，关于服务范围、质量标准、付款方式等关键条款的模糊表述，都可能成为争议的焦点。这种模糊性可能是由于起草者的疏忽、专业知识不足或对合同双方意图理解的不准确。文化差异和语言习惯也可能导致合同文本理解争议。在高校国际合作与交流日益频繁的背景下，涉外合同的文本理解争议尤为突出。不同文化背景下的语言习惯和表达方式可能引发误解和歧义，进而产生争议。这就要求合同起草者在撰写合同时，要充分考虑文化差异因素，采用明确、无歧义的语言表述。此外，合同双方的信息不对称也是合同文本理解争议的一个重要原因。在合同签订过程中，如果一方对另一方的信息了解不足，或者双方对合同内容的理解存在偏差，都可能导致后续的执行争议。因此，加强合同签订前的尽职调查和信息披露工作至关重要。

（三）合同履行争议

高校合同履行争议是指在高校与他人订立的合同在履行过程中，由于各种原因，合同未能按照约定得到执行，从而引发的争议。这类争议不仅影响合同的正常履行，还可能对高校的声誉、经济利益以及法律关系产生负面影响。

1. 合同双方对条款理解的不一致

合同履行争议可能源于合同双方对条款理解的不一致。尽管合同文本已经明确规定了双方的权利和义务，但在实际执行过程中，双方可能会对某些条款产生不同的理解。例如，关于服务或产品的质量标准、交付时间、验收流程等，如果合同中没有详细说明或存在模糊表述，就容易引发争议。合同履行过程中的变化也可能导致争议。在高校运营过程中，可能会遇到各种不可预见的情况，如市场环境变化或技术更新等。这些变化可能影响合同的正常履行，使得原本约定的条款变得不再适用。此时，如果双方无法就变更内容达成一致，就会引发争议。

2. 一方未能按照合同约定履行义务

一方未能按照合同约定履行义务也是引发争议的重要原因。例如，供应商未能按时提供符合要求的产品或服务，或者高校未能按时支付合同款项等。这些违约行为不仅会影响合同的正常履行，还可能导致双方信任关系的破裂。此外，合同履行争议还可能涉及第三方的影响。在高校合同中，有时会涉及与第三方合作或依赖第三方提供的服务。如果第三方出现问题，如服务中断、质量问题等，也可能对合同的履行产生影响，从而引发争议。

（四）合同变更与终止争议

在高校合同管理过程中，合同变更与终止争议是较为常见的法律问题。这类争议不仅关系到合同双方的权益，还对高校的正常运营和法律关系稳定产生重要影响。

1. 合同变更争议

合同变更争议主要源于合同双方对变更内容、方式及时机等方面的不同理解。在高校中，这种争议可能涉及教学、科研、基础设施建设等多个领域。变更内容是否明确是引发争议的一个重要因素。例如，在科研项目合同中，如果研究方向或目标发生调整，而合同中没有明确这种调整的具体范围和条件，就可能引发争议。变更方式是否合法合规也是争议的焦点。根据相关法律法规，合同变更应当遵循一定的程序和规定。如果变更方式不符合法律要求，如未经过双方协商一致或未按照法定程序进行公示、备案等，就可能导致变更无效，进而引发争议。变更时机是否适宜也可能成为争议发生的导火索。在某些情况下，合同一方可能希望在特定时间点进行变更，以便更好地适应市场需求。然而，如果另一方认为此时变更不合适或会损害其利益，就可能拒绝接受变更，从而引发争议。

2. 合同终止争议

合同终止争议通常涉及终止条件、程序及后果等方面。在高校合同中，这类争议可能与学生住宿、教职工聘用、服务外包等合同有关。终止条件是否成立是争议发生的核心问题。合同双方往往会在合同中约定终止的条件，如一方严重违约、不可抗力事件发生等。然而，在实际操作中，对于终止条件是否成立的判断标准可能因双方理解不同而产生争议。例如，对于何为"严重违约"或"不可抗力"，双方可能存在分歧。终止程序是否合规也是引发争议的一个重要方面。在终止合同时，双方需要遵循一定的程序和规定，如提前通知、协商解除等。如果一方未按照法定或约定的程序进行终止操作，就可能导致终止行为无效或引发纠纷。终止后果的处理也是争议的焦点之一。合同终止后，双方需要处理善后事宜，如结算款项、移交资料等。如果双方在这些方面存在分歧或一方未按照约定履行义务，就可能引发争议。例如，在服务外包合同中，如果服务方在合同终止后未能及时移交相关资料或退还预付款项，就可能引发纠纷。

（五）违约责任争议

在高校合同管理中，违约责任争议是一类重要的法律争议。这类争议主要涉及合同双方对违约行为的认定、责任承担以及损害赔偿等问题，其复杂性和敏感性不容忽视。

1. 对违约行为的认定及责任承担

对违约行为的认定是违约责任争议的核心。在高校合同中，违约行为可能表现为多种形式，如未按时履行合同义务、提供的服务或商品不符合约定标准等。这些行为是否构成违约，往往需要根据合同条款、法律规定以及交易习惯等因素进行综合判断。由于高校合同的特殊性和复杂性，对违约行为的认定往往存在一定的难度和争议。关于违约责任的承担也是争议的重要方面。在认定违约行为后，如何确定责任承担方式以及责任范围，是双方关注的焦点。

2. 损害赔偿的计算和认定

损害赔偿的计算和认定也是违约责任争议中的重要环节。当一方因另一方的违约行为而遭受损失时，合理计算并确定损害赔偿金额，是保障双方权益的关键。在这方面，法律和相关规定提供了一定的指导原则，但具体操作仍需根据合同内容和实际情况进行灵活处理。由于损害赔偿的复杂性和不确定性，这一环节往往成为违约责任争议中的难点和焦点。

二、高校合同争议的解决方式

（一）协商解决

在高校合同管理中，争议是难以避免的。当争议发生时，协商解决作为一种非对抗性、灵活高效的解决方式，被广泛采用。协商解决，顾名思义，是指合同双方在争议发生后，坐下来进行平等、友好的对话，通过沟通、交流、妥协，最终达成一致意见，从而解决争议。这种方式充分体现了意思自治原则，尊重了合同双方的主体地位和意愿。

协商解决具有高效便捷的优点。与诉讼或仲裁等方式相比，协商解决无须烦琐的程序和漫长的等待。双方可以直接就争议问题进行面对面的交流，及时了解对方的诉求和底线，从而快速找到解决方案。这种高效性对于高校来说尤为重要，因为高校在运营过程中涉及的合同种类繁多，且往往与教学、科研等核心活动紧密相关。通过协商解决，可以迅速恢复合同的正常履行，减少对高校日常运营的干扰。协商解决具有灵活性和保密性。在协商过程中，双方可以根据实际情况灵活调整解决方案，不受固定程序或规则的限制。同时，由于协商是双方私下进行的，因此可以有效保护双方的商业机密和隐私，避免信息泄露带来的损失。

协商解决有助于维护双方的合作关系。在协商过程中，双方通过坦诚交流、互相理解，不仅可以解决当前的争议，还可以增进彼此的信任和了解。信任和了解是未来合作的重要基础，有助于双方在后续的合作中更加顺畅的沟通和协作。为了提高协商解决的效率和成功率，高校可以采取以下措施：一是建立完善的合同管理制度和争议解决机制，明确协商解决的程序和原则；二是加强合同管理人员的培训和教育，提高他们的谈判能力和法律意识；三是积极与对方建立良好的沟通渠道和信任关系，为协商解决创造有利的外部环境。

（二）仲裁解决

在高校合同管理中，争议的解决是维护合同双方权益、保障高校正常运营的关键。仲裁作为解决合同争议的一种方式，以其高效、灵活和保密性的特点，在高校合同争议解决中发挥着重要作用。

仲裁程序相对于诉讼程序更为简便快捷。仲裁庭可以根据双方当事人的意愿和实际情况，灵活安排仲裁程序，从而加快争议解决的进程。这对于需要迅速解决争议以恢复合同正常履行的高校来说，具有重要意义。仲裁解决方式允许双方当事人自主选择仲裁机构、仲裁地点和仲裁规则等，这为高校提供了更大的自主权和灵活性。高校可以根据自身需求和实际情况，选择最适合的仲裁方式和程序，从而更好地维护自身权益。仲裁程序以不公开审理为原则，这有助于保护高校的商业秘密和隐私。在仲裁过程中，涉及的文件和证据都受到保护，不会对外公开，这符合高校对信息安全和声誉维护的需求。

仲裁解决方式需要合同双方的合意选择。在高校合同签订时，可以明确约定仲裁作为争议解决方式，并选定具体的仲裁机构和规则。这种明确的约定有助于在争议发生时，快速启动仲裁程序，减少争议解决的时间和成本。高校合同中往往涉及专业性和技术性的问题，如科研成果的归属、技术转让等。仲裁机构可以根据争议的具体内容，选择具有相关专业知识和经验的仲裁员进行裁决，从而确保裁决结果的公正性和专业性。随着高校国际化程度的不断加深，涉及国际合同的争议也日益增多。仲裁作为一种国际公认的争议解决方式，具有广泛的适用性和可执行性。通过国际仲裁机构进行裁决，可以更好地维护高校的国际声誉和权益。

在合同中约定仲裁解决方式时，应明确仲裁机构、仲裁地点、仲裁规则以及仲裁裁决的效力等内容，以避免后续争议。虽然仲裁解决方式具有诸多优点，但仲裁费用相对较高。高校在选择仲裁解决方式时，应充分考虑费用因素，并根据自身经济状况进行合理预算。仲裁裁决虽然具有法律效力，但其执行力仍需通过法院进行确认和执行。高校在获得有效仲裁裁决后，应及时向法院申请执行，以确保裁决的实际履行。

（三）诉讼解决

1. 诉讼解决的法律程序

诉讼解决方式遵循明确的法律程序。从起诉阶段开始，原告需要向法院提交起诉状，并阐明诉讼请求、事实和理由。法院在受理案件后，将依法进行审理，并通知被告应诉。在审理过程中，双方可以提交证据、进行辩论，以充分阐述自己的观点和主张。最终，法院将根据事实和法律作出判决，以解决争议。这一法律程序的规范性不仅保障了双方当事人的合法权益，也维护了法律的严肃性和权威性。对于高校合同争议而言，明确的法律程序有助于确保争议得到有序、公正的解决，防止因程序不当而导致的不公和误解。

2. 诉讼解决中的全面审查原则

在诉讼过程中，法院将对合同条款、履行情况等进行全面审查。这意味着法院不仅会关注合同条款的字面意义，还会深入探究合同背后的实际意图和履行情况。通过全面审查，法院能够更准确地把握争议的核心问题，并作出具有针对性和可操作性的判决。

全面审查原则在高校合同争议中具有特别重要的意义。由于高校合同往往涉及复杂的教育服务、科研合作等领域，因此合同条款的解读和履行情况的判断需要更加细致和深入。通过全面审查，法院可以发现合同中的潜在问题，为高校后续的合同履行提供有益的指导。

3. 提高诉讼解决效率的措施

（1）建立完善的合同管理制度

建立完善的合同管理制度是提高诉讼解决效率的首要措施。合同是高校与外部世界进行经济交往的重要法律文件，一份完善、严谨的合同能够明确双方的权利和义务，减少纠纷的发生。因此，高校应设立专门的合同管理机构，负责制定和执行合同管理制度，确保合同的起草、审查、签订、履行等各个环节都符合法律法规和学校规定。

在合同管理流程中，高校应加强对合同内容的审核，防止出现模糊不清、存在歧义的条款。合同履行过程中的监控也必不可少，以确保合同按照约定得到执行。通过这些措施，高校在很大程度上避免合同履行过程中的纠纷和冲突，从而提高诉讼解决效率。高校定期对合同管理制度进行审查和更新，以适应不断变化的法律法规和市场环境。只有保持合同管理制度的时效性和灵活性，才能更好地预防合同争议，降低诉讼风险。

（2）积极协商解决争议

当合同争议发生时，高校应积极与对方协商解决。协商是解决争议最直接、最有效的方式之一，它不仅能够避免烦琐的诉讼程序，节省时间和成本，还有助于维护双方的良好关系。在协商过程中，高校应本着平等、互利、诚信的原则，与对方进行充分的沟通和交流。通过了解对方的诉求和关切，高校可以提出切实可行的解决方案，以达成双方都能接受的协议。这种友好协商的方式不仅能够解决当前的争议，还能为未来的合作奠定良好的基础。为了提高协商解决的效率，高校可以建立专门的协商机制，明确协商的流程、原则和方法。高校还可以借助第三方机构或专家，进行调解或仲裁，以推动争议的妥善解决。

（3）选择合适的律师团队

在诉讼解决过程中，选择合适的律师团队对提高诉讼效率至关重要。一支经验丰富、专业能力强的律师团队能够为高校提供全方位的法律服务，帮助高校在诉讼中争取最大的利益。律师团队的选择应注重专业性和实践经验。高校应选择那些熟悉教育领域法律法规、具有丰富诉讼经验的律师团队。这样的团队能够更好地理解高校的诉求和需求，为高校提供有针对性的法律建议和支持。同时，律师团队还应具备良好的沟通能力和团队协作精神。在诉讼过程中，律师需要与高校保持密切的沟通和协作，及时反馈案件进展情况，并根据实际情况调整诉讼策略。一支高效、协作的律师团队能够为高校提供更好的法律服务，提高诉讼解决的效率。

（4）注重证据的收集和保存

在诉讼中，证据是支持自己主张的关键。因此，高校在合同履行过程中应注重证据的收集和保存。这包括合同履行过程中的相关文件、邮件、聊天记录等能够证明双方权利和义务的证据。为了建立完善的证据保存机制，高校应制定专门的档案管理制度，明确档案的分类、归档、借阅等流程。同时，高校还应加强对档案管理人员的培训和管理，确保档案的完整性和安全性。在诉讼过程中，高校应及时向律师团队提供相关证据材料，以便律师能够更好地了解案情并制定合理的诉讼策略。同时，高校还应积极配合律师团队进行证据的调查和收集，以确保诉讼的顺利进行。

第二节　高校在合同争议中的法律责任

一、高校在合同争议中的法律责任认定

（一）高校作为合同当事人的法律地位

在高校参与的合同关系中，高校作为合同当事人，其法律地位的认定是探讨其法律责任的前提和基础。高校作为法人实体，在签订和履行合同过程中，享有与自然人或其他法人同等的权利。其法律地位的明确，不仅关系到合同的有效执行，也影响着争议解决时法律责任的判定。

高校在合同中具有独立的法律人格。这意味着高校能够以自己的名义签订合同，并独立承担由此产生的法律后果。高校的这种独立法律人格，使其在合同争议中能够作为独立的诉讼主体，维护自身的合法权益。高校在合同

中享有平等的法律地位。无论对方当事人是自然人、其他法人还是非法人组织，高校在合同关系中都应受到平等对待。合同的订立、履行和解除等各个环节，都应在平等自愿的基础上进行。这种平等的法律地位，有助于保障高校在合同争议中的正当权益。

高校作为合同当事人，其权利和义务是相对应的。高校在享有合同权利的同时，也必须履行合同义务。当高校未能按照合同约定履行义务时，便可能构成违约，需要承担相应的法律责任。这种权利义务的对等性，是高校作为合同当事人法律地位的重要体现。此外，高校作为公立教育机构，其合同行为还受到相关法律法规的特别约束。例如，在签订和履行合同时，高校必须遵守教育法、高等教育法等相关法律规定，确保合同的合法性和有效性。这种法律约束，也是高校作为合同当事人法律地位的一部分。

（二）高校在合同履行中的义务与责任

高校在合同履行过程中，承担着多重义务与责任，这些义务与责任的履行情况直接关系到合同目的的实现以及合同双方权益的保障。如提供教育服务的义务。

高校有义务按照合同约定提供教育服务。这包括提供足够的教学资源、保证教学质量、按时完成教学任务等。例如，高校需确保所开设的课程符合教育部的标准，并提供相应的教学设施和教师资源。若高校未能按照约定提供合格的教育服务，则可能构成违约，需要承担相应的法律责任。高校在合同履行中负有安全保障义务。高校应为学生提供一个安全、稳定的学习和生活环境，预防校园安全事故的发生。若因高校未尽到安全保障义务而导致学生人身或财产受到损害，高校需承担相应的侵权责任。这种安全保障义务要求高校制定完善的安全管理制度，并定期进行安全检查和隐患排查。

（三）违约责任与侵权责任的界定

在高校参与的合同关系中，当争议发生时，法律责任的认定显得尤为重要。其中，违约责任与侵权责任的界定是法律责任认定的关键环节。

1. 违约责任

违约责任主要产生于合同当事人未按照合同约定履行义务的情形。在高校合同争议中，若高校或对方未能按照合同约定的内容、质量、期限等履行各自义务，即可能构成违约。例如，高校未按约定提供足够的教学资源或未达到预定的教学质量标准，便可能被视为违约。违约责任的构成要件主要包括：存在有效的合同关系、合同当事人未履行或未完全履行合同义务、违约行为与损害结果之间存在因果关系。违约方需承担继续履行、采取补救措施或赔偿损失等责任；若合同中约定了违约金，违约方还需支付相应违约金。

2. 侵权责任

侵权责任是指因侵犯他人权益而产生的责任。在高校合同争议中，若高校或对方的行为侵犯了对方的合法权益（如人身权、财产权等），则需承担侵权责任。例如，高校因管理不善导致学生人身伤害，便承担侵权责任。侵权责任的构成要件主要包括：存在侵权行为；造成了损害结果；侵权行为与损害结果之间存在因果关系；侵权行为人存在过错（部分特殊侵权行为适用无过错责任原则）。侵权行为人需停止侵害、排除妨碍、消除危险、返还财产、恢复原状、赔偿损失等；若侵权行为构成犯罪，还需承担刑事责任。

在实际争议中，可能存在违约责任与侵权责任竞合的情况。例如，高校提供的教育服务既未符合合同约定（违约），又导致学生权益受损（侵权）。此时，受损方可以选择追究对方的违约责任或侵权责任，但通常不能同时主张两种责任。

二、高校合同争议解决机制及法律责任承担

（一）协商与调解中的法律责任

1. 协商与调解的原则和程序

（1）协商与调解的原则

在高校合同争议中，协商与调解是两种重要的解决途径，遵循一定的原则和程序，旨在通过和平、理性的方式解决双方之间的分歧，防止法律纠纷

进一步升级。协商与调解的原则是确保双方当事人在平等、自愿的基础上进行沟通。这体现了对当事人主体性的尊重，也是任何纠纷解决机制的基本前提。平等原则要求双方在协商或调解过程中享有同等的地位和权利，不存在一方压制或强迫另一方的情况。自愿原则则强调双方参与协商或调解的意愿必须真实、自愿，不受任何外部因素的干扰或胁迫。

（2）协商与调解的程序

协商与调解的程序应注重公正、效率和保密性。公正体现在调解员或协商促进者应保持中立，不偏袒任何一方，确保双方都有机会充分表达自己的观点和诉求。效率则要求协商或调解过程应迅速、有效地进行，避免不必要的拖延和消耗。保密性则是对双方讨论内容和调解结果的保护，以确保双方能够在一个安全、信任的环境中进行沟通。在具体的协商与调解过程中，高校作为合同当事人之一，应积极参与协商与调解过程，尊重并遵守协商与调解的原则和程序，包括提供必要的资料和信息，配合调解员或协商促进者的工作，以及尊重对方的观点和诉求。高校在协商与调解中应诚实信用地履行自己的义务，包括不隐瞒重要事实、不提供虚假信息，以及按照约定履行已达成的协议内容。若高校在协商或调解过程中存在欺诈、误导等不诚信行为，将承担相应的法律责任。若协商或调解未能达成一致意见，高校应尊重对方的诉讼权利，不得采取任何方式阻碍或干扰对方依法寻求其他法律救济途径。同时，高校也应遵守已达成的协商或调解协议，否则将可能面临违约等法律责任。

2. 高校在协商与调解中的角色与责任

（1）高校在协商与调解中的角色

在高校合同争议协商与调解过程中，高校扮演着举足轻重的角色，同时也肩负着重要的法律责任。高校作为合同的一方当事人，在协商与调解中起着至关重要的作用。高校需要积极参与协商与调解过程，与对方当事人进行平等、公正的沟通与交流。在这一过程中，高校应当充分展现其诚意和合作精神，通过提供翔实的数据、材料和合理的解释，努力寻求双方都能接受的解决方案。

（2）高校在协商与调解中的责任

高校在协商与调解中需要承担一定的举证责任。当合同争议发生时，高校应当提供与争议相关的证据材料，以证明自身行为的合法性和合理性。这有助于增加协商与调解的透明度和公正性，促进双方达成共识。高校在协商与调解过程中还需承担一定的诚信义务。高校应当遵循诚实信用的原则，不进行虚假陈述或误导性宣传。同时，高校还应尊重对方当事人的权益和诉求，以建设性的态度参与协商与调解。在协商与调解结果达成后，高校有责任严格遵守和执行所达成的协议。这不仅体现了高校对协商与调解结果的尊重和认可，也是维护高校声誉和信用的重要举措。如果高校未能履行协议内容，将面临法律追责和社会舆论的谴责。

（二）仲裁解决中的法律责任

1. 仲裁条款的效力与适用

在高校合同争议中，仲裁作为一种重要的争议解决方式，其条款的效力和适用显得尤为重要。关于仲裁条款的效力，主要体现在合同双方当事人自愿选择仲裁作为争议解决方式的约定上。一旦合同中明确包含了有效的仲裁条款，当合同争议发生时，双方应首先寻求仲裁解决。这种约定具有法律约束力，意味着双方当事人必须遵守，并在争议发生时按照约定提交仲裁。仲裁条款的适用范围通常限于合同约定的特定争议。在高校合同中，可能涉及教育服务提供、费用支付、合同履行等方面的争议。只有当争议在仲裁条款约定的范围时，才能适用仲裁程序。此外，仲裁条款还可能规定仲裁的地点、仲裁机构以及仲裁程序等具体事项，这些都需要在争议发生时仔细审查并遵守。

关于仲裁条款的效力与适用，还需要注意以下几点：

第一，仲裁条款的独立性。即使主合同无效或被撤销，仲裁条款仍然可以独立存在并有效。这意味着，即使主合同因某种原因被认定为无效，双方当事人仍然可以依据仲裁条款寻求仲裁解决争议。

第二，仲裁的终局性。仲裁裁决是终局，这意味着一旦仲裁机构作出裁决，该裁决即具有法律效力，双方当事人必须履行。这种终局性有助于快速、高效地解决争议，避免长时间的诉讼拖延。

第三，仲裁的执行。如果一方当事人不履行仲裁裁决，另一方当事人可以向人民法院申请强制执行。这保障了仲裁裁决的有效执行，维护了当事人的合法权益。

2. 高校在仲裁程序中的举证责任

在高校合同争议的仲裁解决过程中，举证责任是一个至关重要的环节。举证责任，简而言之，就是当事人在争议解决过程中提供证据以证明其主张或抗辩的责任。高校作为合同的一方当事人，在仲裁程序中负有提供证据证明其主张或抗辩的责任。这包括但不限于提供与合同履行、违约情况等相关的证据。例如，如果高校主张对方未按照合同约定提供服务，那么高校就需要提供相关的合同文本、服务记录等证据来支持其主张。高校在举证时需要注意证据的客观性、真实性和合法性。这意味着高校所提供的证据必须是真实存在的，能够客观反映案件事实的，且获取方式是合法的。任何伪造、篡改或非法获取的证据都将被视为无效。

此外，高校在举证过程中还需要在仲裁程序规定的期限内提供证据，以确保仲裁程序的顺利进行。逾期提供证据可能会影响证据的可采性和证明力。高校应提供完整、全面的证据链，以充分证明其主张或抗辩。零散、片面的证据可能难以形成有力的证明。此外，高校提供的证据应与争议焦点密切相关，能够直接或间接证明其主张或抗辩。无关的证据可能会被仲裁庭忽略。需要强调的是，举证责任并不是单方面的。在仲裁程序中，双方当事人都有举证的责任和义务。高校在积极提供证据的同时，也应对对方提出的证据进行仔细审查和质证，以确保仲裁结果的公正性和合理性。

3. 仲裁裁决的执行与高校的义务

在高校合同争议的仲裁解决过程中，仲裁裁决的执行阶段至关重要，关乎争议的最终解决和当事人权益的切实保障。高校作为合同当事人之一，在仲裁裁决执行阶段负有一系列义务。仲裁裁决具有法律约束力，一旦裁决作出，高校作为当事人必须履行。高校应根据仲裁裁决的具体内容，采取相应的行动以履行裁决。例如，如果裁决要求高校支付一定款项，则高校必须在履行期内完成支付。

在仲裁裁决执行过程中，高校有义务配合相关执行机构的工作。这包括但不限于提供必要的文件、信息和协助，以确保裁决的顺利执行。高校不得采取任何行动阻碍或干扰仲裁裁决的执行。这包括不得隐匿、转移或毁损相关财产，不得对执行人员采取威胁、恐吓或其他不当手段。如果高校未履行仲裁裁决或违反执行义务，将可能面临一系列法律后果。例如，对方当事人可以向人民法院申请强制执行，并由高校承担由此产生的额外费用和损失。此外，高校的信誉和声誉也可能因此受到损害。

（三）诉讼解决中的法律责任

1. 诉讼程序的启动与高校的应诉责任

在高校合同争议的诉讼解决中，诉讼程序的启动是一个重要环节，而高校作为可能的被告方，承担着相应的应诉责任。

（1）诉讼程序的启动

当高校合同争议无法通过协商、调解或仲裁等方式解决时，受损方可以选择向人民法院提起诉讼。诉讼程序的启动通常由原告方向法院提交起诉状，明确诉讼请求、事实和理由。法院在接到起诉状后，会进行审查，确认起诉是否符合法律规定。一旦审查通过，法院将正式受理案件，并通知被告方（可能是高校）进行应诉。

（2）高校的应诉责任

高校在接到法院的应诉通知后，有义务及时作出反应。这包括在规定的时间内提交答辩状，阐明自己的观点和抗辩理由。为了支持自己的抗辩，高校需要积极收集并整理相关证据材料。这些证据可能包括合同文本、交易记录、沟通记录等，用于证明高校的履约情况或对方的违约行为。高校通常会委托专业的法律人士（如律师）作为代理人参与诉讼，以确保自身权益得到充分维护。代理人将代表高校出庭应诉，进行法庭辩论等法律活动。在整个诉讼过程中，高校必须严格遵守法院的诉讼程序规定。这包括按时出庭、遵守法庭秩序、如实陈述事实等。任何违反诉讼程序的行为都可能对高校产生不利影响。如果法院最终作出不利于高校的判决，高校有义务履行该判决。这可能包括支付赔偿金、继续履行义务等。高校应当尊重并执行法院的判决，以维护法律的权威性和公信力。

2. 判决的执行与高校的履行义务

在法治社会中，法院的判决具有至高无上的法律效力。对于高校而言，无论其在合同争议中扮演的角色如何，一旦法院作出判决，就必须严格遵守并执行。这不仅是对法律的尊重，更是高校自身社会责任的体现。高校要明确认识到，法院的判决不是可选项，而是必须执行的法律要求。无论判决结果是否对高校有利，高校都应以开放和负责任的态度接受，并以法律为准绳，切实履行人民法院的生效判决。

高校在执行判决的过程中，需要深入了解判决的内容和精神，确保每一项义务都得到切实履行。这不仅包括明确的经济赔偿，还包括行为上的调整以及积极的配合义务。通过严格执行法院判决，高校不仅能够维护自身的法律权益，更能树立其良好的社会形象和法治精神。

（1）高校的经济赔偿义务

若法院的判决涉及经济赔偿，高校必须在规定的履行期内支付相应的金额。这种支付可能涉及对合同违约的赔偿，比如因未按照合同约定提供服务或资源而需要承担的赔偿责任。同时，它还可能包括对原告因提起诉讼而产生的合理费用的补偿，如诉讼费、律师费等。高校在执行这一义务时，应以高度的责任感和专业性来对待。任何拖延或拒绝执行的行为，都可能导致法律后果的加重，甚至影响学校的声誉和长期发展。因此，高校应建立专门的法务团队，负责跟踪和管理所有与法律相关的事务，确保及时、准确地履行赔偿义务。

（2）高校的行为调整义务

除金钱支付外，判决还可能要求高校对其行为进行具体调整。这可能包括履行合同中的特定条款，如提供特定的教育服务、改善设施条件等；停止侵权行为，如停止使用侵权的教材、软件等。高校必须根据判决的要求，及时、全面地调整自身行为，以符合法律判决。高校可能需要跨部门协作，甚至进行内部流程的重构。这不仅需要法务部门的积极参与，还需要其他相关部门的支持和配合。通过行为的调整，高校不仅能够履行法律义务，还能够借此机会优化内部管理，提升服务质量和效率。

（3）高校的配合义务

在执行判决的过程中，高校需要积极配合法院及相关执行机构的工作。这包括及时提供必要的文件资料，如合同原件、财务报表等，以协助法院进行资产评估或查封等必要程序。同时，高校还应主动与执行机构沟通，了解执行进度和要求，确保判决的顺利执行。高校的配合不仅有助于判决的高效执行，还能够展现其作为社会机构的责任感和诚信度。通过积极合作和透明沟通，高校可以树立良好的社会形象，并为其他类似案件的解决提供积极的示范效应。

（4）未履行判决义务的法律后果

如果高校未在规定期限内履行判决义务，将会面临一系列严重的法律后果。法院有权采取若干强制执行的方式，包括查封、扣押、拍卖高校的财产等，以确保判决的执行。这些措施不仅会给高校带来直接的经济损失，还可能对其运营和声誉造成长远的影响。除法律制裁之外，高校还应意识到未履行判决义务对其社会形象和信誉的潜在损害。作为教育机构，高校的公信力和社会影响力是其最宝贵的资产。任何违法行为都可能破坏这一资产，进而影响其招生、就业和合作等多方面的发展。因此，高校应高度重视法律判决的执行，将其作为维护自身权益和形象的重要环节。同时，高校还应加强内部的法治教育和合同管理，提高全体成员的法律意识和风险防范能力。通过建立健全法律风险防范机制，高校可以在日益复杂多变的法律环境中保持稳健的发展态势。

参考文献

［1］习近平. 摆脱贫困［M］. 福州：福建人民出版社，1992.

［2］文川，莫秀全，江雪珍. 民办高校发展与法律风险控制［M］. 昆明：云南大学出版社，2018.

［3］李鸣鸿. 合同法律风险管控节点例析与实务操作［M］. 北京：中国法制出版社，2014.

［4］洪彬，李少璧. 常用合同法律风险分析与防范［M］. 广州：暨南大学出版社，2004.

［5］孙双秀，王金贵，马华. 合同管理与法律风险防范［M］. 兰州：兰州大学出版社，2015.

［6］李京. 合同风险管理攻略［M］. 北京：中国商务出版社，2011.

［7］宋微. 内控视角下的高校合同管理机制探析［J］. 中国总会计师，2023（7）：108-110.

［8］陆静. 内部控制视角下对高校经济合同管理的思考［J］. 中国农业会计，2023，33（14）：15-17.

［9］党建华，杨宏伟. 地方高校技术合同管理的思考［J］. 新西部，2023（7）：163-165.

［10］刘盛蓉. 试论全流程合同管理系统在高校管理中的应用［J］. 齐鲁珠坛，2024（2）：47-48.

［11］徐春玲. 大数据时代高校合同档案管理工作的分析［J］. 文化学刊，

2024（2）：197-200.

［12］赵敏，韩凯辉. 新形势下加强高校经济合同管理探析［J］. 行政事业资产与财务，2023（13）：115-117.

［13］李琦. 基于新"三线模型"的高校经济合同管理研究［J］. 中国内部审计，2023（7）：91-95.

［14］徐江红. 论高校财务管理过程中优化经济合同管理的对策［J］. 财经界，2023（18）：60-62.

［15］马兆玲. 财务视角下高校基本建设合同管理现状分析［J］. 会计师，2023（8）：122-124.

［16］李臻. 关于加强高校合同管理若干问题的思考［J］. 办公室业务，2023（7）：4-6.

［17］王甜莉. 经济合同管理的法律风险识别与防范——以高校为视角［J］. 江苏商论，2021（10）：98-102.

［18］姚荣. 高校毕业生就业中的法律风险及其防范机制建设［J］. 中国大学生就业，2020（20）：23-24.

［19］杨子天，李怡姗. 大学生就业签订劳动合同法律风险对策研究［J］. 法制与社会，2020（30）：128-129.

［20］陈鹏. 高校人事管理中的法律风险与对策研究［J］. 产业与科技论坛，2024，23（2）：43-46.

［21］王晓洁. 高校毕业生就业法律风险及防范对策［J］. 森林公安，2023（2）：27-31.

［22］涂苗. 高校合同管理若干问题分析与对策探究［J］. 中国管理信息化，2021，24（16）：240-241.

［23］汤轶群. 高校合同管理存在的主要问题和对策［J］. 中国管理信息化，2021，24（18）：240-241.

［24］张雨欣. 高校大学生创业法律风险防范［J］. 法制与经济，2020（2）：146-147.

［25］陈诗岚. 基于内部控制的高校合同管理优化对策探讨［J］. 财富生活，

2020（8）：197-198.

［26］翟智拓. 高校合同管理规范化探析［J］. 办公室业务，2022（4）：89-91.

［27］刘骅. 高校合同档案管理创新路径探究［J］. 黑龙江档案，2022（3）：61-63.

［28］刘颖. 加强高校合同类档案管理实践探索［J］. 浙江档案，2021（12）：60-62.

［29］李丽光，白继红. 风险管理视角下的高校合同内部控制审计研究［J］. 财会学习，2022（4）：113-116.

［30］徐兆敏. 高校维修改造项目合同管理研究［J］. 四川建材，2022，48（1）：188-189.

后　记

　　暑去寒来，历经数月的辛勤耕耘，这部著作终于完成。回首这段创作之路，仿佛是一场与文字共舞的旅程。从最初的构思、查阅资料，到深夜的伏案疾书、反复推敲，再到最后的反复修改调整。每一个瞬间都凝聚了我们的心血和努力，再回首都是人生历程中珍贵的记忆。

　　本书写作的动机来源于作者的日常所思所想，另外也是2023年度河北省高等学校人文社会科学研究项目（项目编号：SQ2024256）的研究成果之一。本书凝结了我们的智慧和汗水，涵盖了广泛的研究和深入的理论分析。在编写过程中，我们相互协作，共同探讨，不断打磨，力求将每一句话、每一个观点都做到精益求精。

　　在此，要特别感谢丁万星同志的支持和帮助。丁万星同志不仅为我们提供了宝贵的意见和建议，还在我们遇到困难和挑战时给予了及时的帮助和鼓励。他的有针对性和实操性的建议，为我们的研究提供了重要的方向和支持，使得本书的内容更加丰富、深入。出版社的编辑团队为本书的出版付出大量辛勤的劳动，在此一并致谢。

　　最后，我们期待本书能够引起相关行业的广泛关注和讨论，为高校法治建设和合同审查管理的研究和实践提供有益的参考和借鉴。

作　者

2024.4